**부정적인 생각을 비우고 긍정의 운을
끌어당기기 위한 열 가지 방법**

- 자연에 몸을 맡기고 마주하라.
- 일상 언어를 긍정적인 말로 바꾸어라.
- 마음속에서 한 사람, 한 사람과 화해하라.
- 내게 주어진 운 좋은 인생에 감사하라.
- 내게도 성공의 경험이 있음을 자각하라.
- 스스로 운이 강한 사람임을 믿어라.
- 인생의 모든 문제는 내게 원인이 있다고 받아들여라.
- 위대한 무언가가 내 인생을 인도한다고 믿어라.
- 불안이나 기대 없이 모두 바치는 기도를 하라.

운을 끌어당기는
과학적인 방법

운을 끌어당기는 과학적인 방법

1판 1쇄 발행 2020. 10. 31.
1판 2쇄 발행 2022. 09. 26.

지은이 다사카 히로시
옮긴이 한이명

발행인 고세규
편집 강지혜 디자인 유상현 마케팅 이헌영 홍보 반재서
발행처 김영사
등록 1979년 5월 17일(제406-2003-036호)
주소 경기도 파주시 문발로 197(문발동) 우편번호 10881
전화 마케팅부 031)955-3100, 편집부 031)955-3200 | 팩스 031)955-3111

값은 뒤표지에 있습니다.
ISBN 978-89-349-8666-9 03320

홈페이지 www.gimmyoung.com   블로그 blog.naver.com/gybook
인스타그램 instagram.com/gimmyoung   이메일 bestbook@gimmyoung.com

좋은 독자가 좋은 책을 만듭니다.
김영사는 독자 여러분의 의견에 항상 귀 기울이고 있습니다.

마음의 원리로 확인된 운의 비밀

운을

끌어당기는
과학적인 방법

다사카 히로시 | 한이명 옮김

김영사

비과학이라고 하면서도 다들 믿는 것

"지금 이 책을 읽고 있는 당신,
　당신은 운의 존재를 믿습니까?"

사실 운이 존재하는지는 아직 과학으로 증명되지 않았다. 현대 첨단 과학도 운이 존재하는지, 만약 존재한다면 왜 그런 것이 생기는지 아직 밝히지 못했다. 그런데도 수천 년에 이르는 인류의 오랜 역사에서 그리고 이 넓은 세상에서 누구나 운의 존재를 믿는다.

　이것이 '운'이라 불리는 것의 신기한 점이다. 설사 입 밖에 내어 말하지 않더라도 그 존재가 있다고 마음속 깊은 곳에서는 믿고 있기 때문에 누구나 나쁜 일이 이어지면 '운이 나빴다'고 생각하고, 좋은 일이 이어지면 '운이 좋았다'고 생각한다.

또 '엎친 데 덮친 격'이라는 말처럼 마음이 약해지거나 부정적이 되면 불운하다고 여겨지는 일이 잇따라 일어난다. 반대로 '과단성 있게 행동하면 귀신도 피한다斷而敢行鬼神避之'라는 말처럼 마음을 강하게 먹고 긍정적인 자세로 임하면 불운해 보이는 사건이 행운으로 바뀌는 일도 생긴다.

인류가 시작한 이래 동서양을 막론하고 무수히 많은 사람이 이런 경험 감각을 가지고 있었기 때문에 이런저런 과학적 증명을 넘어서 누구나 운의 존재를 확실히 느낄 수 있었다. 그래서 운에 관한 책이 동서고금을 가리지 않고 수없이 출간되었고, 그런 책에는 좋은 운을 향상시키거나 좋은 운을 끌어당기기 위한 갖가지 방법이 적혀 있었다.

어쩌면 당신도 그런 책을 읽었을지 모른다. 그리고 그 책에 적힌 방법을 시험해봤을지 모른다. 수많은 사람이 그런 책을 읽고 거기에 적힌 갖가지 방법을 시험해보았지만, 안타깝게도 그 방법이 유효하다고 느끼는 사람은 그리 많지 않았다. 운을 향상시키거나 좋은 운을 끌어당기는 데에 별반 효과가 없다고 생각하는 사람도 많았다. 그 이유는 무엇일까? 실은 명확한 이유가 있다.

좋은 운을 끌어당기지 못하는 진짜 이유

기존 방법들은 하나같이 마음 세계를 긍정적 상념으로 채우면 좋은 운을 끌어당길 수 있다고 말한다. 물론 이는 결코 틀린 말이 아니다. 하지만 사실 마음 세계를 긍정적 상념으로 채우려고 해도 우리 마음 깊은 곳에는 이미 긍정적 상념을 웃도는 수많은 부정적 상념이 넘쳐난다. 그런 이유로 부정적 상념을 없애지 않고 마음 세계를 긍정적 감정으로 채우려 해보았자 이미 마음속에 있는 부정적 상념의 힘이 긍정적 상념의 힘을 넘어선다.

더 큰 문제는 우리가 마음속을 긍정적 상념으로 채우려 해도, 마음의 신기한 성질 때문에 도리어 마음속 깊은 곳에서 부정적 상념이 생긴다는 점이다. 따라서 좋은 운을 끌어당기고 싶다면, 마음속을 긍정적 상념으로 채우기 전에 먼저 마음속에 수없이 존재하는 부정적 상념을 없애야 한다. 또한 마음속 깊은 곳에 부정적 상념이 생기지 않게 할 현명한 방법을 찾아야 한다. 어떻게 하면 마음속에 있는 부정적 상념을 없앨 수 있을까? 어떻게 하면 마음속을 긍정적 상념으로 채울 수 있을까?

나는 이 책에서 그 방법을 이야기하려 한다. 단, 그것은 기존 방법과 완전히 다르다. 애초에 **긍정적 상념과 부정적 상념**이라는 분리나 대립을 초월한 '**궁극의 긍정적 상념**'을 마음속에 실현하는 방법이다.

이렇게 쓰면 오해를 살 수도 있어서 먼저 말해두는데, 이 책은 운의 문제를 오컬트 관점에서 이야기하는 책이 아니다. 반(反)과학인 신비주의 관점에서 쓴 책도 아니다. 나는 대학 공학부에서 오랫동안 연구자의 길을 걸으며 과학 교육을 받은 사람이다. 때문에 유물론적 세계관을 기초로 하여 연구에 임해왔다.

또한, 나는 어떤 종교 단체에도 속해 있지 않고, 오컬트적인 것도 믿지 않는다. 다만 68년 동안 살아오면서 운이라 할 수밖에 없는 사건을 무수히 경험했고, 때문에 운의 존재를 결코 부정하지 않는다. 가령 인생에서 중요한 결단을 내려야 하는 순간에 하늘의 계시처럼 직관이 번뜩여서 옳은 결정을 내릴 수 있었던 경험, 어쩐지 신비한 감각에 휩싸여 그 예감에 따라 행동했더니 큰 사고를 피할 수 있었던 경험, 일과 관련한 아주 중요한 상황에서 우연히 가장 필요한 정보를 얻은 경험, 한 모임에서 마침 옆자리에 앉았던 사람과의 인연으로 상상하지도 못한 사회적 역할을 맡은 경험 등 헤아릴 수 없이 많다.

그러한 경험 중 몇 가지는 이 책에서 차차 이야기하겠다. 하지만 나는 과학을 연구하는 사람이기에 운에 과학적 근거가 있다면 이를 명확히 밝히고 싶고, 이런 관점에서 본 운의 과학적 가설을 소개하려고 한다. 그와 관련한 가설로서 특히 현대 과학인 양자과학의 세계에서 논의되는 '제로 포인트 필드Zero Point Field' 가설도 소개한다.

이런 과학적 가설에 입각해 운이 현실에 존재함을 인정하고, 우리 인생에 좋은 운을 끌어당기는 방법을 설명하고자 한다. 그 가운데 내가 오랫동안 실천해온 세 가지 방법을 소개한다.

인생의 습관을 고친다.
인생의 해석을 바꾼다.
인생의 각오를 다진다.

운이 존재한다고 믿고, 좋은 운이 향상되길 바라는 당신에게 이 책이 인생을 개척하기 위한 큰 시사점을 줄 수 있다면 기쁘겠다.

여기까지 이야기했으니 당장 본론으로 들어가보자.

5 인생의 부정적인 경험을 플러스로 전환하는 방법 • 130

1

좋은 운을
끌어당기는
단 하나의 조건

애초에 운이란 무엇일까? 당신은 운이 무엇이라고 생각하는가? 먼저 그 이미지를 명확히 해두자.

첫째, 직관이 번뜩인다

가위바위보나 룰렛 같은 게임에서 무엇을 내는가? 빨간색과 검은색 중 어느 쪽에 거는가? 어느 숫자에 거는가? 직관의 번뜩임은 좋은 운의 발로이다. 바꿔 말하면 감이 번뜩이거나 '제6감이 작동한다'는 뜻이다.

둘째, 예감이 맞다

인생이나 일에서 뭔가 중요한 선택을 앞두고 '앞으로 이렇게 되지 않을까?' '이쪽 길을 가는 편이 좋지 않을까?' 하는 예감이 마음에 떠오르고, 그대로 따랐더니 올바른 선택으로 이어지는 경우도 좋은 운의 발현이다. 반대로 나쁜 예감이 들어서 어떤 행동을 피했더니 화를 면하는 경우도 있는데, 이는 '나쁜 운을 피했다'는 뜻이다.

셋째, 호기를 잡다

가령 축구 시합 중에 골대 앞에서 혼전을 벌이다가 타이밍 좋게 자기 앞으로 공이 굴러와 골을 넣는 경우처럼 우연이 지배하는 상황에서 '호기(기회)'를 잡는 것도 좋은 운의 발현이다. 영어로는 이를 'Right Time Right Place'라고 표현하기도 하는데, 적시 적소의 기회를 잡는 것 또한 좋은 운의 발현이다.

넷째, 싱크로니시티가 일어난다

'싱크로니시티synchronicity'란 '신기한 우연의 일치'가 생기는 것을 말하는데, 좋은 타이밍에 싱크로니시티가 일어나는 것 또한 좋은 운의 발현이다. 가령 '이런 정보가 필요하다'라고 생각하며, 손에 든 잡지를 펼쳤더니 그 정보가 있을 때가 있다. 이 또한 좋은 운의 발현이라 할 수 있다.

다섯째, 콘스텔레이션을 느낀다

'콘스텔레이션constellation'이란 '별자리'란 뜻의 영어 단어이다.

밤하늘을 올려다볼 때 보이는 별들은 서로간에 전혀 관련이 없다. 하지만 우리는 별들의 배치를 보며 의미와 이야기를 느끼고, '오리온자리' '전갈자리' 같은 이름을 붙여, 이를 '별자리'라고 부른다.

마찬가지로 '콘스텔레이션을 느낀다'는 말의 의미는 인생에서 일어나는, 언뜻 보기에는 무관한 사건이나 만남에서 어떤 의미나 이야기를 느끼고, 그 의미나 이야기에 따라 선택하거나 행동하면 좋은 방향으로 인도된다는 뜻이다. 이 또한 좋은 운의 발현이다.

이 설명으로는 '콘스텔레이션'에 대해 이해하기 어려울 것 같으니 예를 들어 설명해보겠다. 가령 어느 날 아침 별생각 없이 텔레비전을 틀었는데 방송에서 심각한 고령화 문제를 이야기하고 있었다. 그것이 어쩐지 마음 한구석에 남았다. 출근하려고 전철역으로 갔더니 역 앞에서 비영리 환경단체 사람들이 전단지를 나눠주고 있었다. 그들의 활기찬 표정에서 무언가를 느꼈다. 게다가 전철 광고판을 보자 백세 시대를 주제로 한 잡지의 표제가 눈에 들어왔다. 출근길에 이런 일을 겪고 회사에 출근하자, 인사부에서 호출이 왔다. 가보았더니 생각지도 못한 조기퇴직을 권유받았다. 낙담한 마음에 상담을 하려고 대학 시절 친구를 불러내 술을 마시는데, 친구가 자신이 구상하는 '고령자 돌봄 사업' 소셜 비즈니스에 공동 경영자로 참여하지 않겠냐고 제안했다. 집에 돌아와서 그날 하루를 돌아보니 문득 아침에 본 고령화 문제에 관한 텔레비전 방송, 전철역 앞에서 본 비영리 환경단체 사람들의 모습, '백세 시대' 표제의 잡지, 친구의 공동 사업 제안이 서로 연결되면서, 언뜻 무관해 보이는 사건이 실은 어떤 의미가 있는 것처럼 느껴지고 친구의 제안이 무언가의 인도처럼 여겨졌다. 이것이 '콘스텔레이션을 느낀다'는 말의 의미이다.

　세세하게 따지면 운이라고 할 수 있는 형태가 더 많이 있다. 하지만 이 책에서는 직관, 예감, 호기, 싱크로니시티, 콘스텔레이션 등의 형태로 나타나는 운을 중심으로 서술하려고 한다.

성공한 사람이 쓰는 '뜻밖의 말'

그렇다면 왜 운이 중요할까? 개인의 인생이나 일상에서 행운의 사건이나 만남을 끌어당기는 운은 새삼 말할 필요도 없이 누구에게나 중요하다. 하지만 많은 사람의 인생을 책임지는 정치가, 경영자, 지도자, 감독이나 많은 사람의 기대를 한 몸에 모으는 운동선수, 승부사에게는 강한 운이 궁극적인 자질이자 역량이라고 해도 무리가 아니다.

실제로 정치가나 경영자, 지도자나 감독의 강한 운이 때로는 그들이 이끄는 국가나 기업, 조직이나 팀의 명운을 가르며, 많은 사람들의 인생에 막대한 영향을 미친다.

이 생각에 이르자, 내 머릿속에는 예전에 은행 쪽 싱크탱크의 임원으로 일할 때 모시던 K회장이 떠올랐다. K회장은 한 은행의 총재를 역임하였으며, 세계적인 상인 '올해의 은행인Banker of the Year'를 수상한 명경영자였다. 그는 젊은 시절 태평양전쟁에 해군으로 종군했다가 승선했던 순양함이 격침되어 수많은 동료가 바다에 빠져 목숨을 잃을 때에도 아군의 배에 기적적으로 구조되었을 만큼 강한 운의 소유자였다.

당시 나는 K회장의 방을 종종 찾아가서 이야기를 들으며 직접 가르침을 받았는데, 어느 날 K회장에게 전부터 궁금해하던 질문을 던졌다.

"은행 총재로 일하시며 경영이 부진한 거래처를 재건하기 위해 간부를 파견하신 적이 있으실 텐데요, 그때 인재를 고르는 기준은 무엇이셨습니까?"

나는 이렇게 물으며 아마 "재무에 밝은 사람이지" 혹은 "사람 마음을 장악할 수 있는 사람이지" 같은 대답이 돌아오겠지 생각했다. 그런데 K회장은 담배를 천천히 태우며 담담하지만 명확하게 단언했다.

"당연히 강한 운을 가진 사람이지!"

K회장의 말은 지금도 마음에 남아 있다. 그때 내 마음에 떠오른 다음 질문은 "그럼 그 인물의 운이 강한지 아닌지를 어떻게 알 수 있을까요?"였다. 안타깝게도 그 질문은 하지 못했다. 하지만 이후 25년 남짓한 세월 동안 경영의 세계를 걸어오며 지금은 나도 그 답을 알고 있다. 답은 이렇다.

인생에서 커다란 운의 갈림길을 경험한 사람은 다른 사람의 운이 얼마나 강한지도 예민하게 감지할 수 있다.

아마도 이것이 하나의 답이리라 생각한다. K회장은 태평양전쟁 중 순양함이 격침되는 생사의 갈림길에서 운 좋게 살아남았다. 그래서 경영 간부의 운을 감지할 수 있었을 것이다.

한편, 운동선수나 승부사는 기술이나 능력으로 결과를 내는 사람들이지만, 일류의 세계에서는 기술이나 능력을 초월한 강한 운이 매우 중요하다. 예를 들어 프로야구의 전설적인 타자인 나가시마 시게오長嶋茂雄는 "기록보다 기억에 남는 남자"라는 평을 얻었다. 실제로 타율이나 홈런 수에서는 나가시마보다 좋은 성적을 남긴 타자가 많이 있지만, 그만큼 "기회에 강한" 타자는 없었다고들 한다. 그는 말 그대로 중요한 국면에서 강한 운을 끌어당기는 타자였다. 또 프로축구에서 활약하는 혼다 게이스케本田圭佑는 중요한 승부처에서 골을 넣을 수 있는 선수인데, 그는 늘 "나에게는 있어!"라고 말했다. 이는 '나는 매우 강한 운이 있다'란 의미였다.

이렇듯 정치가나 경영자, 운동선수나 승부사에게는 강한 운이 궁극적인 요건이다. 대체로 '인생에 성공한 사람'이라고 칭해지는 사람들은 예외 없이 운이 강하다. 이 사실을 보여주는 흥미로운 에피소드가 있다.

한 연구자가 '성공한 사람'이라 칭해지는 사람들의 자서전이나 회고록을 조사했다. 정치가, 경영자, 학자, 연구자, 예술가, 음악가, 운동선수 등 다양한 분야에서 글자 그대로 공을 이루고 명성을 얻은 사람들이 대상이었는데, 이 사람들이 인생을 회고하는 자서전과 회고록에서 대체 어떤 단어를 가장 많이 썼는지 알아보았다.

예상하기로는 이렇게 성공한 사람이라면 누구나 노력, 끈기, 재능, 신념 같은 단어를 쓸 것 같지만, 자서전이나 회고록을 조사해보니 실제로 가장 많이 쓴 단어는 우연, 어쩌다가, 뜻하지 않게, 때마침, 운 좋게 같은 좋은 운을 이야기하는 단어였다.

'성공한 사람'이라 칭해지는 이들은 분야와 직업을 막론하고 인생과 일의 갖가지 국면에서 무의식적으로 운을 느끼고 좋은 운을 끌어당기며 호기를 붙잡는 힘이 있었다.

좋은 운을 끌어당기는
단 하나의 조건

이렇게 말하면 당연히 당신의 마음속에 의문이 하나 떠오를 것이다.

'그렇다면 좋은 운을 어떻게 끌어당길 수 있을까?'

운을 다루는 책이나 문헌은 무수히 많지만, 인생에서 좋은 운을 끌어당기기 위해 반드시 이해해야만 하는 한 가지 법칙이 공통적으로 전해진다. 바로 다음과 같은 법칙이다.

우리의 마음 상태는 그 마음과 공명하는 것을 끌어당긴다.

이는 예부터 서양에서 '끌어당김의 법칙law of attraction'이라고 일컬어진다. 우리에게도 '초록은 동색' '유유상종類類相從' 같은 말이 전하고, 불교에서는 '눈앞의 세계가 바로 자신의 마음이 나타난 것'이란 뜻의 '삼계유심소현三界唯心所現' 같은 말이 전해진다. 따라서 좋은 운을 끌어당기기 위해서 궁극적으로 필요한 것은 단 한 가지이다.

긍정적 상념을 가진다.

즉 '긍정적 상념=좋은 상념'을 가지면 '긍정적 사건=좋은 사건'이나 좋은 만남을 끌어당기고 좋은 운을 끌어당긴다. 물론 이렇게 쓰고는 있지만 오늘날 과학으로는 이런 일이 발생하는 이유를 설명할 수 없다. 하지만 많은 사람들이 경험을 통해 '끌어당김'이라 부를 수밖에 없는 무언가를 실감하기에 이 '끌어당김의 법칙'을 믿는다.

그렇다면 긍정적 상념을 어떻게 가질 수 있을까? 이를 깊은 차원에서 설명하는 것이 이 책의 목적이지만, 그전에 당신의 마음속에 있는 근본적인 의문에 대답하겠다.

'왜 긍정적 상념이 좋은 운을 끌어당기나?'
'왜 우리 마음 세계에서 끌어당김 현상이 일어나는가?'

이를 이해하기 위해서는 일단 우리의 마음 세계를 깊이 이해할 필요가 있다. 특히 마음의 심층 세계의 신비로운 움직임을 이해할 필요가 있다.

다음 장에서는 이에 대해 알아보자.

2

좋은 운을 끌어당기는
다섯 가지 마음 세계

인류의 역사를 돌아보면 예나 지금이나, 또 동양이나 서양이나 '운'이라 불리는 것이 존재한다고 믿어왔다. 운은 우리 마음이 그 상태와 공명하는 것을 끌어당기기 때문에 생겨난다고 여겨진다. 우리 마음속에 있는 긍정적 상념은 좋은 운을 끌어당기고, 부정적 상념은 나쁜 운을 끌어당긴다고 한다. 이제까지 운에 대해 이야기한 동서고금의 많은 책과 문헌이 이렇게 말했다. 그리고 우리 중 많은 사람은 삶의 다양한 경험을 통해 이 말이 진실이라고 느낀다. 아마 이 책을 손에 든 당신도 그렇게 느끼지 않을까?

그렇다면 현대 과학은 이런 '운'이나 '끌어당김'이라 불리는 현상에 대해, 1장에서 쓴 직관, 예감, 호기, 싱크로니시티, 콘스텔레이션이라 불리는 현상에 대해 전혀 설명하지 못할까?

물론 아직까지는 이를 현대 과학으로 완벽하게 설명하기 어렵다. 하지만 지금까지 등장한 다양한 커뮤니케이션 이론이나 심층심리학, 종교학, 최첨단 과학 지식을 참고한다면 운의 한 측면을 설명할 수는 있다. 그러기 위해서 마음 세계에는 표면 의식(간단히 '의식'이라고도 불린다)이 알아채지 못하는 깊은 세계가 있으며, 표면 의식 세계까지 포함해서 다음과 같은 다섯 가지 마음 세계가 있음을 이해할 수 있다.

첫째, 개인적 의식 세계
둘째, 집합적 의식 세계
셋째, 개인적 무의식 세계
넷째, 집합적 무의식 세계
다섯째, 시공간을 뛰어넘은 무의식 세계

이제 이 다섯 가지 마음 세계가 어떤 것인지, 이것이 왜 운을 낳고 끌어당김이나 직관, 예감, 호기, 싱크로니시티, 콘스텔레이션 같은 현상을 일으키는지 하나씩 설명해보겠다.

불평이 많은 사람에게는 왜 좋은 운이 오지 않는가

우선 첫 번째 마음 세계는 '개인적 의식 세계'이다. 이는 일상의 의식 세계 즉 우리의 통상적인 표면 의식 세계를 가리킨다. 이 책의 주제는 세 번째부터 다섯 번째인 무의식 세계이지만, 운이나 끌어당김 현상은 표면 의식 세계에서도 종종 일어난다.

　누구나 일상에서 운이나 끌어당김 현상을 경험하기 때문에 새삼 설명할 필요도 없지만, 굳이 정리해보자면 불평이 많은 사람에게 좋은 운이 오지 않는 데에는 다음의 세 가지 이유가 있다.

첫 번째 이유는 표면 의식 세계가 부정적 상념으로 채워지면, 우리가 본래 가지고 있는 힘을 발휘할 수 없기 때문이다.
가령 불안이나 공포, 불만이나 분노, 혐오나 증오 같은 감정을 마음에 품으면 일할 때 집중력이 떨어져서 실수를 하거나 능률이 오르지 않거나 아이디어가 잘 떠오르지 않는다. 당연히 본래 자신이 가진 힘을 발휘할 수 없어 온갖 문제에 직면하고 다양한 트러블이 일어나 운이 나빠진다.

　반대로 표면 의식 세계가 긍정적 상념으로 채워지면, 우리는 본래 가진 힘을 충분히 발휘할 수 있다. 가령 마음속에 안

심이나 희망, 만족이나 감사, 호의나 애정 같은 감정을 품고 있으면, 일할 때 집중력이 높아져서 실수를 하지 않고 능률이 오르고 아이디어가 솟아나며, 본래 자신이 가진 힘을 발휘할 수 있어 운이 상승한다.

두 번째 이유는 표면 의식 세계가 부정적 상념으로 채워지면, 그 상념이 자연스럽게 부정적인 말로 표현되어 주위 사람들이 멀어지기 때문이다.

가령 직장에서 주위를 둘러보면 불평이 많은 사람 주위에는 불평이 많은 사람이 모이고, 불만을 말하는 사람 주위에는 불만을 말하는 사람이 모인다. 또 긍정적 상념을 가진 사람은 불안을 계속 이야기하는 사람이나 원망과 괴로움을 계속 늘어놓는 사람에게서 자연스럽게 거리를 두고 멀어진다. 그래서 매일 부정적인 말을 하는 사람은 좋은 인간관계를 만들 수 없고, 인생과 일에서 갖가지 문제에 직면하며 결국 이런저런 트러블을 일으킨다.

반대로 표면 의식 세계가 긍정적 상념으로 채워져 있으면 그 상념이 자연스럽게 긍정적인 말로 표현되기 때문에 주위에 사람이 모인다. 가령 희망을 이야기하는 사람, 감사의 말을 하는 사람, 남을 칭찬하는 사람 주위에는 자연히 긍정적 상념을 가진 사람들이 모여서 좋은 인간관계가 만들어지고,

인생과 일이 순조로울 뿐 아니라 호조를 보인다.

세 번째 이유가 실은 가장 중요한데, 사람들 사이의 커뮤니케이션 중 8할은 비언어적이기 때문이다.

커뮤니케이션에는 말로 전해지는 메시지 외에도 시선과 눈빛, 표정과 얼굴, 동작과 몸짓, 공기와 분위기 같은 말 이외의 것으로 전해지는 메시지가 있다. 사실 후자가 커뮤니케이션의 8할 이상을 차지한다.

따라서 만약 어떤 사람이 마음속에 불안이나 공포, 불만이나 분노, 혐오나 증오 같은 부정적 상념을 품고 있다면, 표면적인 언어 메시지로 드러내지 않더라도 말 이외의 메시지로 상대방이나 주위 사람들에게 전달하는 일이 종종 생긴다.

이 같은 일이 생기면 긍정적 상념을 가진 사람은 자연스럽게 그 사람에게서 멀어지고, 물리적으로 떠나지는 못하더라도 마음이 떠난다. 반대로 그 사람 주위에 부정적 상념을 가진 사람이 다가오기 때문에 결과적으로 갖가지 문제나 트러블을 끌어당기게 된다.

실제로 주위 사람들에게서 "저 사람은 어두운 느낌이 들어" "저 사람은 차가운 느낌이 들어" 같은 말을 듣는 사람은 딱히 부정적인 말을 하지 않더라도 주위 사람들이 자연스럽게 멀어지는 경우가 종종 있다. 이렇듯 운이나 끌어당김 현상은 통상적인 표면 의식 세계에서도 일어나고 그 이유도 명확하다. 따라서 가령 세간에서 '웃는 집에 복이 온다' 같은 속담이 맞다고 말하는 데에는 이 세 가지 이유만으로 충분히 과학적이고 합리적인 설명을 할 수 있다.

즉, 늘 즐겁게 웃는 얼굴로 사는 사람은 긍정적 상념 덕분에 인생과 일에서 가진 힘을 충분히 발휘할 수 있을뿐더러 자연스럽게 긍정적인 말을 사용하여 주위에 사람들을 모은다. 게다가 긍정적 상념은 비언어적인 커뮤니케이션으로도 상대방에게 전해지기 때문에 점점 더 주위에 긍정적 상념을 가진 사람이 모여들어 좋은 운을 끌어당긴다. 그렇다면 개인이 아니라 집단 차원에서 이런 마음 상태가 생기면 어떤 일이 벌어질까?

'무드 메이커'가 중요한 진짜 이유

이것이 두 번째 마음 세계인 '집합적 의식 세계'인데, 여기서 '집합'이란 집단이나 조직, 사회 등 많은 사람이 모인 형태를 말한다. 운이나 끌어당김 현상은 이런 '집합적 의식 세계'에서도 종종 일어난다.

실제로 '집합 의식'은 집단이나 조직, 사회에 속한 개인의 의식이 모인 것이며, 종종 공기나 분위기, 문화의 형태로 나타난다. 우리는 인생과 일에서 조직이나 팀 분위기가 나빠져서 '나쁜 결과＝나쁜 운'을 끌어당기는 경우를 이따금 경험한다.

예를 들어 야구 경기에서 투수가 계속 좋은 공을 던져 8회까지 퍼펙트 피칭을 기록하고 있을 때 팀 전원이 퍼펙트게임을 의식하고 긴장하면 평소에는 생각지도 못한 에러가 발생하기도 한다. 이는 팀 전체의 '집합 의식'이 '절대 에러를 내면 안 돼. 에러를 범하면 어떡하지?' 같은 부정적 상념에 지배되는 바람에 '에러'라는 '나쁜 결과＝나쁜 운'을 끌어당긴 상황이다.

반대로 팀 분위기가 밝아지면 팀 전체의 힘을 끌어내어 '좋은 결과＝좋은 운'을 끌어당기는 경우도 생긴다. 프로야구에서 일본 시리즈 우승을 세 번 달성한 노무라 가쓰야野村克也 감독은 경기를 할 때 성적이 그리 좋지 않은 한 선수를 출전 명단에 반드시 넣었다. 이유를 묻자 노무라 감독은 이렇게 대답했다.

"그 친구가 시합에서 활약하는 건 아니지만, 벤치에 있어도 큰 소리로 동료들을 응원해서 팀 분위기가 좋아지거든요."

집단이나 팀에서 좋은 운을 끌어당기기 위해서는 '무드 메이커 역할'을 하는 사람의 존재가 중요하다고 하는 이유는 그로 인해 집단이나 팀 전체에 아래와 같은 선순환이 생기기 때문이다.

분위기가 좋아진다 → 긴장이 풀린다 → 힘을 발휘할 수 있다 → 분위기가 더 좋아진다

한편, 세상에는 조직이나 팀의 리더이면서도 분위기를 망치고 조직이나 팀의 좋은 운을 쫓아내는 사람도 있다. 일례로 '젖은 담요wet blanket'란 비난을 듣는 리더가 있다. '젖은 담요'란 집에 작은 불이 났을 때 젖은 담요를 덮어 불을 끄는 데에서 온 은유이다. 확실히 세상에는 부하 직원이나 멤버가 의욕을 가지고 정열적으로 아이디어나 제안을 내놓아도 문제점을 차갑게 지적해 직원이나 멤버의 의욕을 꺾고 정열의 불에 찬물을 끼얹는 리더가 있다. 이런 리더는 조직이나 팀의 분위기를 위축시키고 부정적으로 만들기 때문에 부하나 멤버의 자발성과 창조성을 억압한다. 당연히 조직이나 팀 전체에도 '나쁜 결과 = 나쁜 운'을 끌어당긴다.

두말할 필요 없이 '개인 의식'이나 '집합 의식' 같은 표면 의식 세계에서도 긍정적 상념을 가지면 좋은 운을 끌어당기지만, 부정적 상념을 가지면 좋은 운을 쫓아내고 나쁜 운을

끌어당긴다는 사실은 우리의 일상 경험만 봐도 분명히 알 수 있다.

하지만 한편으로 일상 경험을 더 깊이 바라보면, 이런 표면 의식 세계만으로는 설명할 수 없는 좋은 운, 나쁜 운이라 할 만한 사건이 존재하는 것 또한 사실이다. 그래서 인간의 표면 의식 세계 깊은 곳에 존재하는 무의식 세계가 인생의 운에 영향을 준다는 생각이 옛날부터 전해진다.

이것이 바로 세 번째 세계인 '개인적 무의식 세계'와 네 번째인 '집합적 무의식 세계'이다.

행복을 바라면서도 불행을 끌어당기는 사람

그렇다면 우리의 세 번째 마음 세계인 '개인적 무의식 세계'란 무엇일까?

잘 알려져 있듯 지그문트 프로이트Sigmund Freud나 칼 구스타브 융Carl Gustav Jung, 알프레드 아들러Alfred Adler 같은 심리학자들이 인간의 마음속 깊은 곳에 있는 무의식 세계를 깊이 연구하여 다양한 가설을 제시해왔다. 이런 연구가 공통적으로 이야기하는 내용을 요약하면 다음과 같다.

첫째, 무의식 세계의 상태를 우리의 의식 세계에서는 명확히 자각할 수 없다.

둘째, 무의식 세계의 힘은 강해서 종종 의식 세계에 큰 영향을 미친다.

셋째, 무의식 세계에 영향을 미쳐서 의식적으로 변화시키기는 쉽지 않다.

이 세 가지 때문에 스스로 깨닫지 못하는 무의식 세계가 행동을 지배하여 인생의 선택을 그르치는 일이 생긴다. 예를 들어 표면 의식에서는 '행복한 결혼을 하고 싶다'고 바라면서도 성격이 맞지 않는 상대와 만나 불행한 결혼 생활과 이혼을 되풀이하는 사람이 있다. 어떤 의미에서는 결혼 운이 나쁜 사람이라 할 수 있지만, 정신분석가 칼 메닝거Karl Augustus Menninger는 《자신을 등지는 사람Man against Himself》에서 이 같은 사람의 무의식 세계를 다양하게 분석했다.

그 원인 중 하나는 무의식 속에 있는 '자기징벌 의식'이다. 즉 과거에 자신을 탓할 수밖에 없는 사건이 있으면 그것이 강한 트라우마(심적 외상)가 되어 무의식 세계에 고착되는데, 그러면 무의식 세계에 '이런 내가 행복해지면 안 된다' '이런 나는 분명 심한 벌을 받게 될 거야'라는 자기징벌 의식이 생겨 인생의 선택이나 행동을 지배한다.

바꿔 말하면 어떤 사람이 나쁜 운을 끌어당겼다면 그 사람의 무의식 세계에 있는 부정적 상념이 본인도 모르는 형태로 그 사람의 선택이나 행동을 지배하기 때문에 일어나는 현상이라고 할 수 있다.

미국의 명배우 메릴 스트립이 주연한 영화 〈소피의 선택〉도 이런 '자기징벌 의식'에 인생을 지배당하는 사람의 모습을 훌륭하게 그리고 있다. 메릴 스트립이 연기한 유대인 여성 소피는 전쟁 중에 독일 나치 장교가 두 아이 중 한 아이를 포기하라고 강요하자 마음이 찢어지는 극한 상황에서 한 아이를 포기하고 죽게 내버려둔다.

전쟁이 끝난 뒤 극한 상황에서 살아남은 그는 평화로운 생활로 돌아오지만, 한 아이를 버린 자기 자신을 마음속 깊이 계속 책망한다. 그 결과 그를 사랑해 행복한 결혼을 약속한 스팅고의 구혼을 거절하고 인생을 파멸로 몰고가는 네이선과 함께 결국 자살을 선택하고 만다.

이 이야기가 상징하듯 무의식 세계에 생기는 자기징벌 의식은 자신도 깨닫지 못하는 사이에 우리의 선택과 행동을 지배하여 스스로 불행한 인생을 선택하도록 만들기도 한다. 다시 말해 우리의 무의식 세계에 자기징벌 의식이나 자기부정 의식 같은 부정적 상념이 존재하면 모르는 사이에 현실 인생에도 불행한 사건이 일어나거나 나쁜 운이 끌어당겨진다.

반대로 우리의 무의식 세계에 '나라면 할 수 있다' '나는 가치 있는 사람이다' 같은 자기긍정 의식이나 자기존중 의식이 있으면, 이 긍정적 상념이 인생에서 행운처럼 보이는 사건이나 좋은 운을 끌어당긴다.

여기서 중요한 점은 표면적으로 보이는 모습(표면 의식의 인격)과 마음속 깊이 잠재된 모습(무의식의 인격)이 상당히 다른 경우가 많다는 점이다. 때로는 정반대인 경우도 드물지 않다. 예를 들어 평소에는 조용한 사람이 극한 상황에서 갑자기 매우 강한 인격을 드러내는 경우가 종종 있다. 반대로 평소에는 "나는 지지 않아!" "반드시 이긴다!" 하며 강력한 리더의 모습을 보이던 사람이 암 선고를 받자마자 딱할 정도로 약한 모습을 드러내는 경우도 드물지 않다.

또 하나 중요한 것은 무의식 세계는 표면 의식 세계를 경유하지 않고 무의식 세계끼리 서로 감응한다는 점이다. 조금 전에 예로 든 영화 〈소피의 선택〉에서 소피와 네이선이 끌리는 이유는 표면 의식의 작용 때문만이 아니다. 실은 그들의 무의식 세계에 있는 부정적 상념이 그야말로 본인들도 자각하지 못한 상태에서 감응을 일으켜 서로 끌어당긴 것이다.

이렇게 무의식끼리 감응하고 서로 끌어당기는 것은 1장에서 서술한 '초록은 동색'이나 '유유상종' 같은 현상이 일어나는 이유이기도 하다. 어떤 현상은 비언어적인 커뮤니케이션 때문이라고 설명할 수도 있지만 실은 그것만으로 설명하지 못하는 현상도 많다.

그렇다면 왜 무의식끼리 서로 감응하는 현상이 생길까? 이를 이해하기 위해서는 네 번째 마음 세계인 '집합적 무의식 세계'에 대해 알 필요가 있다.

왜 시선을 느낄 수 있는가

'집합적 무의식'이란 무슨 뜻일까? 이를 설명하기 전에 우선 당신에게 묻고 싶은 것이 있다. 당신은 일상생활에서 타인의 시선을 느끼지 않는가? 가령 일을 하고 있는데 누군가 나를 쳐다보는 것 같아서 그쪽을 봤더니 실제로 누가 나를 보고 있었던 경험 말이다.

사실 이 같은 경험을 한 사람은 결코 적지 않다. 당신은 경험한 적이 없더라도 주위 사람들에게 물어보면 몇 명은 그런 경험이 있다고 말할지도 모른다. 나도 종종 경험하곤 한다. 또 소설이나 문학에서도 "그때 문득 시선을 느끼고⋯⋯" 같은 표현이 나온다.

그렇다면 왜 우리는 타인의 시선을 느낄 수 있을까? '시선視線'이라고 말은 하지만 무슨 빛이나 음파를 쏘는 것은 아니니 물리적, 과학적으로는 설명할 수 없고, 글자 그대로 '이심전심'이라 불러야 할 신기한 현상이다. 그런데 왜 우리는 이런 경험을 할까?

이런 경험을 한 적은 없는가? 어느 날 문득 한동안 만나지 못한 지인이 떠오른다. 그러자 때마침 그때 그 지인이 전화를 걸어온다거나, 그날 집에 돌아갔더니 그 지인이 보낸 편지가 와 있는 경험 말이다. 이런 경험도 과학으로는 전혀 설명할 수 없지만, 사실 비슷한 경험을 한 사람이 결코 적지 않다.

이것은 1장에서 말한 '싱크로니시티(신기한 우연의 일치)'라 불리는 현상으로, 나도 몇 번 경험해봤다. 이 책을 쓰기 시작할 때쯤이었다. 밤에 잠을 자다가 벌써 몇 년 동안 만나지 않은 지인과 만나는 꿈을 꾸었다. 그런 꿈은 좀처럼 꾸지 않기 때문에 이상하다는 생각이 들어서 그날 그 지인에게 전화를 걸었더니, 마침 그의 생일이었다. 물론 그날이 그의 생일이라는 사실은 전혀 몰랐다. 그러니 꿈이 가르쳐줬다고밖에 생각할 수 없는 사건이다.

그렇다면 왜 우리 인생에서는 이런 싱크로니시티라 할 만한 현상이 일어날까? 이 물음에 대답을 제시하는 것이 '집합적 무의식Collective Subconsciousness' 가설이다. '집합적 무의식'은 앞에서 언급한 심리학자 칼 구스타브 융이 제창한 개념이다. 알기 쉽게 설명하면 '사람들 마음은 깊은 무의식 세계에서 서로 이어져 있다'는 흥미로운 가설이다.

만약 이것이 사실이라면 앞서 말한 이심전심이나 싱크로니시티 현상을 충분히 설명할 수 있다. 사실 현대에는 이런 견해가 더 이상 융만의 개념이 아니라 융 심리학을 원류로 탄생한 현대 심리학의 새로운 조류인 '트랜스퍼스널 심리학 (transpersonal psychology, 초개인 심리학: 인간의 지각을 초월한 것이 인간 심리에 미치는 영향을 연구한 학문으로 인간의 보편적인 전체 상을 탐구한다. – 옮긴이)'이라는 하나의 심리학 체계를 낳기도 했다.

'집합적 무의식'이나 '트랜스퍼스널 무의식' 가설에 의거하면 이 외에도 오래전부터 이야기되는 신기한 현상을 설명할 수 있다. 오랫동안 함께한 부부가 아무 말을 하지 않아도 상대방의 기분을 알거나 심지어 똑같은 타이밍에 같은 말을 하는 이심전심 현상이 일어나는 이유만 설명할 수 있는 것이 아니다. 누군가가 죽으면 같은 시각에 멀리 떨어진 곳에 사는 가족이나 친척의 베갯머리에 그 죽은 사람이 서 있는 모습을 보았다는 목격담도 있다. 이런 경험을 한 사람들이 많았기 때문에 '베갯머리에 서다'라는 관용표현이 생겨났는데, 하나같이 '뭔가를 잘못 봤다'거나 '착각했다'는 말로는 딱 자를 수 없을 정도로 현실감 있는 경험이었다고 한다.

나는 〈시작하며〉에서 썼듯 대학에서 과학 교육을 받고 오랫동안 공학 연구에 매진한 사람이기 때문에 이런 현상을 단순히 영혼의 존재나 사후세계 같은 생각으로 비약해서 설명하는 데에는 강한 거부감을 느낀다. 하지만 내 경험으로만 봐도 이 같은 신기한 현상이 존재한다는 사실을 부정할 수 없기 때문에 이를 설명할 수 있는 유력한 가설로 '집합적 무의식' 개념을 검토할 가치가 있다고 본다.

'집합적 무의식'이라는 개념 즉, '사람들의 마음은 깊은 무의식 세계에서 서로 이어져 있다'는 가설에 의거하면, 영혼의 존재나 사후세계를 상정하지 않더라도, 언어적 메시지나 비언어적 메시지를 이용해 커뮤니케이션을 할 수 없을 만큼 멀리 떨어진 사람들 사이에서 이심전심이나 싱크로니시티 같은 형태로 커뮤니케이션이 발생하는 이유를 설명할 수 있다.

왜 비슷한 범죄가 동시다발로 일어나는가

'어떤 사람의 상념이 집합적 무의식을 통해 다른 사람에게 전해지는 현상' 즉, 이심전심이나 싱크로니시티 현상은 일대일 관계에서도 일어나지만, 하나의 인간 집단 내에서도 일어난다. 나쁜 사례 중 하나가 한 국가나 지역에서 비슷한 범죄가 동시다발로 일어나는 현상이다.

이 책을 쓰고 있는 2019년에는 미국 각지의 학교나 쇼핑몰에서 총기 난사 사건이 빈발했다. 이는 단순히 하나의 범죄에 자극을 받아 다른 비슷한 범죄가 유발되었다는 말로 간단히 설명할 수 없는 현상이다. 오히려 한 국가나 지역, 사회나 커뮤니티 전체에서 사람들의 '집합적 무의식 세계'가 부정적으로 작용해 한 사람 한 사람의 '개인적 무의식 세계'에 영향을 주었고, 그 나쁜 영향을 받은 사람들이 총기 난사 사건을 저질렀다고 생각하는 것도 가능하다. 실제로 미국의 총기 난사 사건 배경에는 이민에 대한 차별이나 증오의식이 있는데, 이는 나라를 상징하는 대통령이 그런 차별이나 증오 발언을 계속하여 국민의 '집합적 무의식'에 부정적 상념을 낳은 결과라고도 볼 수 있다.

이런 문제에 대해서는 여러 해석으로 나뉘지만, 조직이든 사회든 국가든 한 인간 집단의 '집합적 무의식'이 부정적 상태가 되면 그 조직이나 사회, 국가에서 범죄나 사고, 질병 같은 나쁜 현상이 많이 발생하며 나쁜 운을 끌어당기는 결과가 생긴다는 생각은 상당히 일리가 있다.

반대로 과거엔 어떤 지역 사람들의 '집합적 무의식'을 긍정적인 상념으로 가득 채워 범죄나 사고, 질병을 줄이고자 하는 시도도 있었다. 바로 종교가인 마하리시 마헤시 요기Maharishi Mahesh Yogi가 제창한 '초월 명상(Transcendental Meditation, 힌두교에서 유래한 명상법으로 하루에 두 번 마음속으로 진언을 15~20분씩 반복해서 읊조림으로써 마음의 안정을 얻는다. - 옮긴이)'을 통한 사회 실험이다.

영국 록밴드 비틀즈에도 큰 영향을 준 인물인 마하리시는 이 사회 실험으로 '한 도시에서 인구 1퍼센트에 해당하는 사람들이 초월 명상을 하면 집합적 무의식이 정화되고 긍정적으로 바뀌어 그 도시의 범죄 발생률이 유의미하게 저하된다'는 가설을 실증하려고 하였다. 이를 '마하리시 효과'라고 부른다. 마하리시 국제대학이 미국 각 지역에서 다양한 사회 실험을 하여 통계적으로 유의미한 결과를 여럿 얻었다는 보고도 있다.

이렇듯 '집합적 무의식'이나 '초개인적 무의식' 가설은 인간의 상념이 공간을 뛰어넘어 전달되는 현상이나 어떤 커뮤니케이션 없이도 인간 집단 내에서 한 가지 상념을 공유하는 현상을 합리적으로 설명한다. 하지만 '집합적 무의식'이나 '초개인적 무의식' 가설로는 공간을 초월한 싱크로니시티는 설명할 수 있어도 시간을 초월한 싱크로니시티는 설명할 수 없다.

그렇다면 '시간을 초월한 싱크로니시티'란 무엇일까?

왜 기시감을 느끼는가

이를 설명하려면 다섯 번째 마음 세계인 '시공간을 뛰어넘은 무의식 세계'에 대해 알아볼 필요가 있다. 그러면 여기서 또 당신에게 질문을 하나 하겠다.

"당신은 '데자뷔(기시감)' 현상을 경험한 적이 있는가?"

'데자뷔déjà-vu'란 '이미 봤다'란 뜻의 프랑스어로, 일상생활의 어느 한순간에 '아, 이 광경과 똑같은 광경을 전에도 본 적이 있다'고 느끼는 현상이다. 이 현상에 대해 '시신경과 뇌신경이 일으키는 착각'이라고 과학으로 설명하는 논의도 있지만, '데자뷔 현상'을 경험한 많은 사람들은 이런 설명으로 수긍할 수 없을 정도의 현실감을 느꼈다고 한다.

'데자뷔 현상'은 특히 젊은 시절에 더 많이 경험한다고 하는데, 나도 중학교 때부터 고등학교 때까지 '데자뷔 현상'을 상당히 자주 경험했다. 당신에게도 그런 경험이 한두 번은 있지 않을까?

옛날부터 많은 사람이 "꿈에서 본 일이 현실이 된다"는 경험을 이야기했다. 이른바 '예지몽'이나 '정몽'이라 불리는 것이다. 미국 대통령 링컨이 암살되기 일주일 전에 암살을 예견하는 꿈을 꾼 것이 유명한 사례이다.

나는 예지몽이나 정몽을 꾼 경험은 별로 없지만, 어쩌면 당신에게는 그런 경험이 있을지도 모르겠다. 그렇다면 왜 우리는 '데자뷔 현상'이나 예지몽, 정몽 같은 형태로 미래를 보거나 미래가 나타나는 경험을 하게 될까?

과거에 본 광경이나 과거에 꾼 꿈이 눈앞의 현실과 신기하게 일치한다는 뜻에서 이를 '시간을 초월한 싱크로니시티'라고 부르는데, 그렇다면 왜 이런 일이 생길까? 아니, 더 나아가면 '데자뷔 현상'이나 예지몽, 정몽만이 아니라 미래를 예견하는 '점'이 맞을 때도 있다.

점은 왜 맞는가

당신은 점이 맞는다고 생각하는가? 아니면 점 따위는 미신이라고 여기는가? 사실 나는 세상에 넘쳐나는 점을 그다지 믿지 않는데, 그래도 인생을 돌이켜보면 이상할 정도로 점이 들어맞은 경험 아니, 점이 맞아버렸다고 말해야 할 만한 경험이 몇 번 있다.

중학교 2학년 때 일이다. 고등학교 입시가 드디어 한 해 앞으로 다가왔고, 나는 도립 H고등학교에 진학하기를 희망하고 있었다. 당시 학교 성적을 생각하면 H고 진학은 그리 어려운 일이 아니었지만, 어느 날 어머니와 인연이 있는 한 유명한 역술가에게 장래 진로를 점쳐보기로 했다. 역술가에게 '내가 H고에 진학할 수 있을지' 봐달라고 했다. 그런데 몇 번을 봐도 'H고에는 진학할 수 없다'는 점괘가 나왔다. 쉽게 진학할 수 있으리라 여긴 고등학교에 진학할 수 없다는 결과에 나는 '시험 날 아프기라도 한 걸까?' 의아하게 생각했다.

하지만 해가 바뀌어 중학교 3학년이 되었을 때 예상치 못한 일이 일어났다. 그해부터 도쿄도에 학군 제도가 도입되어 H고가 다른 K고, M고와 함께 한 학군에 들어가는 바람에 시험에 합격해도 마지막에 어느 학교에 배정될지는 추첨으로 정해지게 되었다. 그래서 나는 어쩔 수 없이 국립 T고에 진학할 수밖에 없었고, 결과적으로 'H고에는 진학하지 못한다'는 역술가의 점괘가 맞아떨어졌다.

점괘가 맞은 다른 에피소드는 대학원을 마치고 취직할 때도 일어났다. 대학원 지도교수였던 K교수의 권유로 나는 박사학위를 받은 뒤에 그 연구실에서 조교로 일하기로 내정되었다. 그런데 어느 날 신주쿠 거리에서 한 역술가를 만났고 문득 호기심이 생겨 진로를 점쳐보았다. 그러자 역술가의 첫 번째 점괘가 "당신은 윗사람이 끌어올려 주는 인생을 산다"라고 나왔다. '그건 확실히 그렇지……'라고 생각하고 있으

니, 역술가가 "그 윗사람이 어디에 사는지 점쳐드리죠"라고
했다. 그래서 두 번째 점을 보면서 나는 마음속으로 'K교수가
나를 조교로 끌어올려 줄 거야. 우리 집은 도쿄에 있고 K교
수는 쇼난湘南에 살고 있으니까, 그럼 점 결과는 남쪽이라고
나올 테지……'라고 생각했다.

그런데 예상과 달리 역술가는 '북쪽'이라고 했다. 그때도 의
아하게 생각하며 그곳에서 나왔는데, 그로부터 얼마 뒤 K교
수가 "조교 자리가 안 비게 생겼어." 하며 진로를 다시 의논
하자고 했다.

깊이 낙담하여 어쩔 수 없이 다른 취직자리를 찾았다. 그때
한 재벌 기업인 M사의 A중역에게 제안이 와서 M사에 취직
했다. 나중에 알고 보니 A중역은 당시 사이타마埼玉에 살고
있었다. 신주쿠보다 북쪽에 사는 사람이 맞았다.

더 신기한 것은 점을 볼 때 역술가가 내게 이렇게 덧붙였
다는 사실이다. "당신을 끌어올려 주는 사람은 더 높은 지위
로 올라갈 겁니다." 그리고 그 역술가가 예견한 대로 A중역
은 그로부터 14년 뒤에 이 재벌 기업 M사의 사장이 되었다.

내 경험담을 듣고 당신은 어떤 생각을 했는가? 물론 이 같
은 경험을 단순한 우연으로 치부할 수도 있지만, 세상에는
점이 맞는 경험을 한 사람이 결코 적지 않다. '점이 맞는다'는
것은 실은 점술가나 역술가가 맞히는 것이 아니다. 점을 보

는 사람의 마음속 깊은 곳에 있는 '무언가'가 그 점의 결과를 끌어당긴 것이다. 이런 의미에서 내게는 점뿐만 아니라 현존하는 과학으로는 설명할 수 없는 신기한 경험이 수없이 많다. 그중 하나가 '미래의 기억'이라고 부를 법한 체험이다.

왜 미래가 보이는가

'미래의 기억'이란 어느 날 우연히 마주친 사건이 흡사 자신의 미래를 예견하는 것처럼 느껴지는 신기한 경험을 말한다.

여기서도 내 경험담 두 가지를 이야기하겠다. 하나는 재벌 기업 M사에서 영업 담당자로 일하던 1989년 여름에 있었던 일이다. 평소처럼 도쿄도 내의 영업장소로 이동하는데, 타고 있던 택시가 아카사카미쓰케赤坂見附에서 벤케이바시弁慶橋로 향하는 순간 왠지 눈앞에 우뚝 서 있는 빌딩에 신경이 쓰였다. 그래서 무심코 뒷좌석에서 몸을 앞으로 내밀고 "기사님, 저 빌딩은 무슨 빌딩인가요?"라고 물었다. 운전기사는 "아, 저건 최근에 지어진 기오이초紀尾井町 빌딩이에요"라고 대답했다.

사회생활을 시작하고 그때까지 9년 동안 몇백 번이나 택시를 탔지만 눈에 들어온 빌딩 이름을 물어본 적은 이전에도 이후에도 없었다. 그래서 왜 그 빌딩에 신경이 쓰였는지 신기했다. 그런데 그해 말 이번에도 신기한 인연에 이끌려 다니던 M사를 그만두고 새로 생긴 은행 쪽 싱크탱크에 창립 멤버로 참가하게 되었다. 결정을 내린 뒤에 문득 궁금해서 싱크탱크 창립 준비실 인사 담당 부장에게 "그런데 싱크탱크 사무실은 어디를 알아보고 있나요?" 하고 물었다.

그런데 부장의 대답을 듣고 놀라움을 금할 수 없었다. 부장이 "네, 사무실은 기오이초 빌딩을 알아보고 있어요"라고 했기 때문이다.

이것이 단순한 우연일까? 어느 날 한 빌딩이 눈에 들어왔는데 어쩐지 신경이 쓰여서 그날따라 운전기사에게 그 빌딩의 이름을 물었다. 그런데 그 빌딩이 그로부터 몇 개월 뒤에 이직할 회사가 입주할 빌딩이었다. 단순한 우연일까? 아니면 내가 이직하여 그 빌딩에서 일하게 되리라는 것을 무의식은 예견한 걸까?

또 다른 경험담은 1985년의 일이다. 회사 일로 미국 워싱턴 주에 있는 한 국립 연구소를 방문했다. 금요일에 일을 마치고 주말은 호텔에서 보내고 있는데, 그 연구소에서 근무하는 미국 친구가 드라이브를 가자고 제안했다. 한참 드라이브를 하다가 친구가 지인에게 가져다줄 물건이 있다면서 시내의 주택가에 들렀다. 거기서 그가 물건을 전해주는 사이에

카메라를 꺼내 들고 차에서 내려 별생각 없이 주택가 풍경을 몇 장 찍었다. 귀국 이후 그 사진은 다른 해외 출장 사진과 함께 아무렇게나 사진 상자에 들어갔고, 내 기억에서 완전히 사라졌다.

그로부터 2년 뒤인 1987년에 나는 또다시 어떤 인연에 이끌려 이 연구소에서 객원 연구원으로 근무하게 되었다. 부임한 뒤 시내에 집을 한 채 찾아 거기서 살기 시작했다. 그런데 연구소에서 1년 반 동안 근무를 마치고 귀국하기 위해 짐을 꾸릴 때 일이다. 우연히 사진 상자가 눈에 띄어서 예전 해외 출장 사진을 꺼내어 추억에 잠겨 바라보고 있는데, 문득 사진 한 장이 눈에 들어왔다. 그 순간 놀라움에 눈을 뗄 수가 없었다. 그것은 3년 반 전에 드라이브할 때 별생각 없이 찍은 사진 몇 장 중 하나였다. 한 집을 정면에서 찍은 사진이었는데, 놀랍게도 그곳이 지금 살고 있는 집이었다.

이 또한 단순한 우연일까? 드라이브를 하다가 별생각 없이 집 사진을 찍었다. 시내에 무수히 많은 집 가운데 하나를 무의식적으로 찍었다. 한편 부임한 뒤에 무수히 많은 집 가운데 우연히 집 하나를 구해서 거기 살았다. 그런데 신기하게도 그 두 집이 같은 집이었다.

이것도 단순한 우연일까? 아니면 내가 미국에서 일하게 되어 살게 될 집을 무의식은 예견하고 있었던 걸까?

이 두 경험담은 말 그대로 어떤 시점에서 일어난 일이 흡사 미래를 예견한 것처럼 느껴지는 현상으로 '미래의 기억'이라 부를 만하다. 물론 이런 사건도 오늘날의 과학으로는 설명할 수 없는 현상이니 역시 단순한 우연으로 치부할 수도 있다. 하지만 사실 내게는 '미래의 기억'이라 할 만한 비슷한 경험이 아주 많다.

당신은 지금껏 살면서 이런 경험 즉, 당신의 미래를 예감하거나 예견한 듯한 경험을 한 번도 한 적이 없는가? 나는 기회가 있을 때마다 여러 지인에게 이 같은 경험이 있는지 슬쩍 물어보곤 하는데, 비슷한 예감이나 예견을 경험한 사람은 예상보다 더 많았다. 하지만 이런 경험을 이야기하면 주위의 오해를 살 수도 있다는 우려 때문에 그다지 적극적으로 입 밖에 내어 말하지 않는다. 나도 오해를 살까봐 우려하는 사람 중 한 명이기에 솔직히 말하면, 이 책에 이런 경험을 쓰기가 망설여진다. 그리고 몇 번이나 말했다시피 나는 과학 교육을 받고 공학 연구자의 길을 걸어온 사람이기도 해서 이런 현상을 곧장 영적인 세계나 배후령, 초능력, 외계 생명체 등 사고하기를 멈춘 것 같은 해석과 연결하는 비과학적인 설명에는 수긍할 수 없다. 하지만 한편으로는 과학적·연구자적 배경이 있기에 현실에서 나 자신이 몇 번이나 경험한 예감이나 예견, 나아가 '미래의 기억'이라 부를 법한 사건에 대해 어떤 과학적인 설명이 존재하지 않을까, 생각하기도 하다.

그렇다면 왜 우리 인생에서는 예감이나 예견, '미래의 기억'이라 부를 법한 현상이 일어날까? 이런 현상을 과학으로 설명할 수는 없을까?

최첨단 양자역학이 밝혀낸 운의 정체

원래 예감이나 예견, '미래의 기억' 같은 현상은 과거에 봤던 광경이나 과거에 찍은 사진이 미래에 벌어질 현실과 신기한 일치를 보인다는 뜻에서 '시간을 초월한 싱크로니시티'라 부를 만하다. 그렇다면 왜 이 같은 현상이 일어날까?

오해를 무릅쓰고 현대 과학에서 논의하는 하나의 가설을 이 책에서 이야기해보겠다. 단, 아래에 쓰는 내용은 언뜻 보면 우리의 일반적인 상식을 뛰어넘는 이론이라 여겨질지도 모르지만, 결코 수상쩍은 이론이 아니라 원자력공학 박사과정을 공부한 내 지식으로 봐도 하나의 과학적 가설로서 검토할 가치가 있는 내용이다. 그렇다면 그 가설이란 무엇일까?

바로 '제로 포인트 필드' 가설이다. '제로 포인트 필드'란 단적으로 말해 우주의 모든 곳에 편재하는 에너지장을 가리키는데, 이 장에 우주의 과거와 현재와 미래의 모든 정보가 기록되어 있다는 가설이다.

이해하기 어렵겠지만, 현대 과학인 양자물리학에서 아무 것도 없는 진공 속에도 방대한 에너지가 잠재해 있다는 사실을 밝혀냈다. 이는 '진공 = 무'라고 생각하는 일반적인 상식에서 보면 좀처럼 이해하기 어렵겠지만, 양자물리학에서는 '양자 진공Quantum Vacuum'이라 불리는 극미소 세계 속에 방대한 에너지가 존재한다고 본다.

이를 상징하는 것이 현대 최첨단 우주물리학이 제창하는 '인플레이션 우주론Inflation Cosmology'이다. 이는 우리가 사는 우주가 어떻게 탄생했는지를 탐구하는 우주 생성 이론인데, 이 이론에 따르면 138억 년 전에는 우주가 존재하지 않았다. 그저 양자 진공이 존재했을 뿐이다. 하지만 양자 진공이 어느 날 갑자기 흔들림을 일으켰고, 그 직후에 급격한 팽창(인플레이션)이 일어나 대폭발(빅뱅)을 거쳐 우주가 탄생했다고 한다.

이렇듯 양자 진공 안에는 장대한 우주를 낳을 만큼 막대한 에너지가 깃들어 있는데, 이런 양자 진공 안에 '제로 포인트 필드'라 불리는 장이 존재하며, 그 장에는 우주의 과거와 현재와 미래의 모든 사건이 파동으로서 홀로그램 구조로 기록되어 있다는 가설이 최근 주목받고 있다.

우주에서 일어난 모든 사건이 파동으로 기록되어 있다고

하면 당신은 놀랄지도 모른다. 하지만 사실 현대 과학의 관점에서 보면 이는 지극히 합리적인 가설이다. 왜냐하면 우리 눈앞에 있는 물질이라는 것은 본래 존재하는 것이 아니기 때문이다.

이렇게 말하면 더 놀랄지 모르지만, 우리가 물질이라고 생각하는 것의 실체는 전부 다름 아닌 에너지이자 파동이고, 이를 질량을 가진 물질이나 딱딱한 물체라고 느끼는 것은 우리의 일상 감각 때문에 생긴 착각에 불과하다. 따라서 은하계 우주의 생성이든 지구의 탄생이든, 당신이 지구 상에 태어난 일이든 지금 이 책을 읽고 있는 일이든, 이 우주에서 일어난 모든 사건은 궁극적으로 전부 우주에서 생긴 에너지와 파동의 움직임과 다르지 않다. 따라서 이 파동의 모든 흔적이 '파동 간섭'이라는 형태의 홀로그램으로 기록되어 있다는 가설은, 홀로그램이 거의 무한에 가까운 방대한 정보를 기록할 수 있음을 생각하면 일정 부분 합리성이 있다고 하겠다.

'홀로그램 구조'에 대해서는 뒤에서 다시 설명하겠다.

미래는 이미 존재하는가

이렇게 말하면 당신은 다음과 같은 의문을 품지 않을까?

"지금 '미래의 모든 정보'라고 했지만 '미래未來'란 '아직 오지 않았다'는 의미이고 아직 존재하지 않기 때문에 '미래' 아닌가?"

확실히 '미래'는 '아직 오지 않았다'란 뜻의 단어이고, '과거過去'란 '이미 지나갔다'란 뜻의 단어이다. 그래서 우리는 과거는 생겨나서 존재하지만, 미래는 아직 생겨나지 않아서 존재하지 않는다고 생각한다. '시간은 과거에서 미래를 향해 한 방향으로 흘러간다'라는 이 같은 감각은 우리의 일상 감각 자체이기 때문에 '미래란 아직 존재하지 않는다'란 정의가 상식이라고 생각한다.

내 일상 감각도 당연히 그렇다. 하지만 놀랍게 들릴지 몰라도 현대 물리학의 세계에서는 과거, 현재, 미래가 동시에 존재한다고 말한다. 예를 들어 천재 물리학자 알버트 아인슈타인Albert Einstein은 일찍이 '상대성 이론Theory of Relativity'에서 우리가 사는 3차원 공간에 네 번째 차원인 '시간'을 더해 4차원 '시공 연속체Space-Time Continuum'라는 견해를 제기했다. 이 '시공 연속체'에는 과거, 현재, 미래가 동시에 존재한다.

영국 출신의 물리학자인 폴 데이비스Paul Davies 비욘드연구소 소장은 시간을 '타임스케이프Time-Scape'라고 보았다. 이는 '랜드스케이프Land-Scape' 즉 '풍경'과 마찬가지 개념인데, 지도를 펼치면 모든 산과 강과 지형을 한눈에 볼 수 있듯, 우주의 공간적인 전개 전부와 우주의 시간적인 전개 전부를 한눈에 볼 수 있다는 뜻이다. 이 '타임스케이프'에서도 과거와 현재와 미래는 동시에 존재한다고 보았다.

이렇듯 현대 물리학에서 시간을 바라보는 방식은 우리 같은 보통 사람들의 일상 감각으로 시간을 바라보는 방식과는 크게 다르기 때문에 "(제로 포인트 필드 안에) 과거와 현재와 미래의 모든 정보가 들어 있다"고 하면 당혹감을 강하게 느끼게 된다. 하지만 일단 이 관점을 받아들이면 예감이나 예견, '미래의 기억'을 느끼는 이유를 이해하기 위한 문을 열 수 있다. 참고로 아인슈타인이 친구와 주고받은 편지에 남긴 유명한 말이 있다.

"우리 물리학자에게 과거, 현재, 미래라는 건 환상입니다. 그것이 아무리 확고해 보여도 환상에 지나지 않습니다."

미래와 운명은 이미 정해져 있는가

하지만 이렇게 말해도 여전히 당신은 다음과 같은 의문을 품을지 모른다.

'제로 포인트 필드에 과거와 현재뿐 아니라 미래의 정보도 기록되어 있다는 건 우리의 미래가 이미 정해져 있다는 뜻인가? 우리의 운명은 정해져 있나?'

이것은 당연한 의문이다. 하지만 **이 의문에 대한 답은 '아니다, 우리의 미래는 정해져 있지 않다'**이다. 왜냐하면 앞에서 미래의 사건을 꿈으로 꾸는 예지몽을 이야기했는데, 세상에는 예지몽을 꾼 결과 그것이 현실이 된 사례와 예지몽을 꾸고 행동을 바꾼 결과 그것이 현실이 되는 일을 회피한 사례 둘 다가 존재하기 때문이다. 전자의 사례로는 앞에서 설명한 링컨 대통령의 예지몽이 있고, 후자의 사례로는 자기가 탄 배가 가라앉는 꿈을 꾸고 승선하지 않았더니 배는 가라앉았지만 자기는 살았다는 사례가 있다.

그렇다면 왜 이렇게 정반대되는 일이 일어날까? 사실 '제로 포인트 필드'에 기록된 미래는 '가능성의 미래'이기 때문이다. 바꿔 말해 이 필드에 연결되어 예견할 수 있는 미래는 무수히 많은 미래의 가능성 중 가장 일어날 법한 미래이다. 따라서 현재의 행동이 변하면 가장 일어날 법한 미래가 아닌 다른 미래가 실현될 가능성도 커진다.

조금 어렵고 전문적인 이야기인데, 양자물리학의 세계에서 가령 전자電子의 위치는 관측하기 전에는 다양한 장소에 존재할 가능성의 집합 즉, 확률분포로만 알 수 있다. 하지만 관측하면 그 위치가 확정된다. 이것이 양자역학에서 말하는 '파동 함수Wave Function'라는 개념인데, 양자 진공을 실체로 하는 '제로 포인트 필드'도 마찬가지로 다양한 미래의 가능성을 확률분포 정보로 가지고 있으며, 그것이 현재가 되는 순간 하나의 가능성이 현실로 확정된다.

따라서 우리가 '제로 포인트 필드'에 연결되어 미래를 예견할 때는 확실히 도래할 미래를 예견하는 것이 아니다. 가장 일어날 법한, 확률이 높은 미래를 예견하는 것이다. 그리고 우리가 구체적인 행동을 통해 '가능성의 미래'를 현재로 만들 때 하나의 미래가 확정된다. 이렇게 말해도 아직 이해하기 어려울지 모르지만, 이것이 바로 '제로 포인트 필드 가설'이 가르쳐주는 '가능성의 미래'이다.

왜 마음은 '제로 포인트 필드'에 연결되는가

중요한 설명을 하나 더 하겠다. 앞에서 '제로 포인트 필드'에는 모든 정보가 파동으로, 홀로그램 구조로 기록된다고 했다. 이는 정확히 말하면 정보가 파동의 간섭을 이용한 홀로그램 원리로 기록되어 있다는 뜻이다. 인기 영화 〈스타워즈〉를 보면 레아 공주가 주인공 루크 스카이워커 앞에 작은 투사기를 통해 3차원 입체 영상으로 나타나는 장면이 있다. 이것이 홀로그램이다.

홀로그램 기술은 파동의 간섭을 이용해 정보를 기록하는 기술로, 각설탕만 한 크기의 매체에 국립 도서관의 모든 장서 정보를 담을 수 있을 만큼 방대한 정보를 기록할 수 있다. 따라서 '제로 포인트 필드'가 홀로그램 구조로 정보를 기록한다면, 거의 무한에 가까운 방대한 정보를 담을 수 있다.

'제로 포인트 필드' 가설은 우리의 마음이 '제로 포인트 필드'와 양자 레벨에서 연결되어 있기 때문에 우리는 '제로 포인트 필드'에서 정보를 받을 수 있을 뿐만 아니라 거기에 정보를 보낼 수도 있다는 가설이기도 하다. 이 또한 우리의 일상 감각으로는 이해하기 어려운 가설이지만, 사실 현대의 뇌과학 세계에서는 이 가설을 뒷받침하는 '양자 뇌 이론-Quantum Brain Theory'이 주목받고 있다.

이론물리학자인 로저 펜로즈Sir Roger Penrose와 마취과 의사인 스튜어트 하머로프Stuart Hameroff가 제창한 이 이론은 알기 쉽게 말하면, 우리 뇌의 작용에 양자과정이 깊이 관여한다는 관점에서 의식 문제나 뇌 내 커뮤니케이션 문제를 해명하려는 것이다. 만약 우리 뇌가 커뮤니케이션에 양자과정을 이용한다면, 뇌가 '제로 포인트 필드'와 양자 레벨에서 연결되어 있다는 점은 매우 있음직한 일이다.

다만 서두에 뇌가 아니라 마음이라고 쓴 이유는 뇌과학 연구가 진행된 오늘날에도 마음이 뇌의 작용에서 생겨나는 것인지 아니면 몸 전체의 작용에서 생겨나는 것인지 나아가 그 이상의 무엇인지가 밝혀지지 않았기 때문이다.

이 점은 앞서 말한 '양자 뇌 이론'과 함께 양자생물학 분야가 진전되면 밝혀지겠지만, 어쨌든 우리 마음이 양자계의 시간에 따른 변화로 '제로 포인트 필드'에 연결되어 있다는 가설은 과학으로 충분히 검토할 만하다.

왜 '끌어당김의 법칙'이 존재하는가

만약 '제로 포인트 필드'의 홀로그램 가설과 '양자 뇌 이론' 가설이 옳다면, 왜 우리 마음속에 존재하는 상념이 비슷한 것을 끌어당기는지도 합리적으로 설명할 수 있다.

'제로 포인트 필드'에 기록되어 있는 정보가 앞에서 말했 듯 홀로그램 기록이라면 파동으로 기록되어 있을 것이고, 우 리 뇌나 마음속에 존재하는 상념 역시 양자과정으로 존재한 다면 이 또한 파동으로 존재하기 때문이다. 그리고 물리학에 서 잘 알려져 있듯 하나의 파동은 그 파동과 유사한 주파수 의 파동과 공명을 일으킨다.

따라서 뇌나 마음이 '제로 포인트 필드'와 연결될 때 우리 뇌나 마음속에 있는 상념이 그 필드 안에 있는 유사한 정보 와 공명해서 끌어당김을 일으킨다고 이해할 수 있다. 이것이 우리가 마음속에 품은 상념이 그와 유사한 것을 끌어당긴다 는 '끌어당김의 법칙'이 존재하는 이유이다.

현시점에서 이것은 하나의 가설에 지나지 않는다. 하지만 이 가설은, 왜 동서고금의 많은 지식인들이 '끌어당김의 법 칙'을 하나의 이론으로 이야기했는지, 또 왜 많은 사람들이 이를 경험적으로 인정하는지 과학적으로 조명할 수 있다.

약간 어려운 설명이지만 한 번 더 요점을 정리해보자. 양 자 진공을 전제로 한 '제로 포인트 필드' 가설이란 다음 세 가지 버팀목으로 이루어져 있다.

첫째, 이 우주의 모든 곳에는 '제로 포인트 필드'라 불리는 에너지장이 편재한다.

둘째, '제로 포인트 필드'에는 우리가 살아가는 우주의 과거와 현재와 미래의 모든 정보가 기록되어 있다.

셋째, 따라서 우리 마음이 '제로 포인트 필드'에 어떤 형태로 연결될 때, 우리는 과거와 현재의 사건은 물론이고 미래에 일어날 사건도 예감하고 예견할 수 있다.

다시 말해 우리의 마음 세계에는 '제로 포인트 필드'와 연결된 제5의 세계인 '시공간을 뛰어넘은 무의식 세계'가 있고, 그 필드에는 시공을 초월한 모든 정보가 모여 있기 때문에 마음이 '시공간을 뛰어넘은 무의식 상태'가 되면 공간을 초월한 싱크로니시티뿐 아니라 시간을 초월한 싱크로니시티도 일어난다고 할 수 있다.

사후세계나 전생의 기억, 환생은 미신인가

만약 양자 진공 속에 존재하는 '제로 포인트 필드'의 성질이 과학적으로 밝혀져서 시간과 공간을 초월한 정보 전달이 일어나는 현상을 설명할 수 있다면, 이제까지 과학이 설명할 수 없었기 때문에 우연이나 착각, 오해나 환상, 그릇된 믿음이나 미신 등으로 여겨지던 이심전심, 텔레파시, 투시, 원격투시, 예지, 예언, 데자뷔, 미래의 기억, 현몽, 영적 교신, 배후령, 전생의 기억, 환생 같은 현상도 합리적으로 설명할 수 있다.

이렇게 열거하면 내가 매우 수상쩍은 말을 하는 것처럼 보일지 모르지만 그 반대이다. 오래전부터 아주 많은 사람들이 이 말들이 표현하는 신기한 현상이나 체험에 대해 이야기해왔지만, 그 존재 여부를 과학적으로 증명할 수 없다보니 초능력이나 사후세계, 영적 세계, 전생처럼 실체를 알 수 없는 개념을 반신반의했다. 반면 '제로 포인트 필드' 가설은 이 같은 신기한 현상이나 체험이 생기는 이유를 나름대로 과학적인 기반에서 설명하기 때문에 '블랙박스적 사고blackbox thinking' 즉 실체를 알 수 없는 개념을 무조건 받아들여 사고 정지에 빠지는 함정을 피할 수 있다. 다만 '제로 포인트 필드' 가설은 우리 모두가 마음속 깊이 품고 있는 죽음에 대한 공포나, 거기에서 비롯되는 '죽은 뒤에도 영혼이 있다고 믿고 싶다' '사후세계가 있으면 좋겠다' 같은 바람에 대해 냉정하고 객관적인 해석을 제시할 가능성도 있다. 이 말은 다음에 더 이야기하겠다.

예부터 많은 사람들이 믿어온
신이나 부처의 실체는 무엇인가

지금까지 현대 과학이 밝혀낸 '제로 포인트 필드'라 불리는 것에 대해 알아보았다. 이 책에서는 이를 다섯 번째 마음 세계인 '시공간을 뛰어넘은 무의식 세계'라고 부른다. 만약 현대 과학이 '제로 포인트 필드'의 성질을 밝혀낸다면 인류가 수천 년의 역사를 넘어 간직해온 가장 중요한 물음에 답을 내놓을 가능성이 생긴다. 바로 '신, 부처, 하늘의 실체는 무엇인가'란 물음이다.

만약 '제로 포인트 필드' 가설이 옳다면 이 필드에는 우주의 과거와 현재와 미래의 모든 사건에 대한 정보가 기록되어 있고, 거기서 탄생한 모든 지혜가 기억되어 있다. 이 필드에 연결되어 갖가지 끌어당김이 생기고 갖가지 사건이 일어난다면, 이 필드가 바로 인류의 역사가 시작된 이래 많은 사람들이 믿어온 신, 부처, 하늘이라 불리는 것의 실체임이 틀림없다. 그리고 '제로 포인트 필드'에 연결되는 방법으로는 옛날부터 각종 신앙이나 종교에서 기도나 기원, 요가나 좌선, 명상이라 불러온 갖가지 방법이 있다.

그렇다면 이런 것들을 통해 우리 마음이 긍정적 상념을 갖고 '제로 포인트 필드'에 깊은 수준으로 연결될 때 다양한 끌어당김 현상이 일어나 직감, 예감, 호기, 싱크로니시티, 콘스텔레이션이 생기며, 좋은 운을 끌어당기는 것 또한 당연하다.

이렇게 생각하면 많은 사람이 신, 부처, 하늘의 존재를 믿고 기도나 기원을 하여 '제로 포인트 필드'에 연결되어 좋은 운을 끌어당겼을 때 신의 가호나 부처의 자비, 하늘의 인도를 받았다고 느끼는 데에도 합리적인 이유가 있다고 할 수 있다.

첨단 과학의 지견과 가장 오래된 종교의 직관은 왜 일치하는가

앞에서 '제로 포인트 필드'에는 과거와 현재뿐 아니라 미래 정보도 기록되어 있다고 했다. 만약 이것이 사실이라면 이 필드에 연결되기만 하면 우리는 우주가 시작된 순간의 정보도 알 수 있을까? 이를 생각하다 보면 첨단 과학의 지견과 가장 오래된 종교의 직관 사이에 존재하는 신기한 일치를 깨닫게 된다.

앞에서 썼듯 현대 과학의 우주론에 따르면 이 우주는 138억 년 전 양자 진공에서 탄생했다. 양자 진공이 어느 날 파동을 일으켜 급격히 팽창하면서 인플레이션 우주가 탄생했고, 이어 대폭발이 일어나 빅뱅 우주가 탄생했으며, 빅뱅 직후에 우주가 '광자(포톤)'로 가득 차게 되었다고 한다.

이렇게 보면 과학과 종교 사이에 신기한 일치를 알 수 있다. 불교 경전인 《반야심경》에는 "색즉시공공즉시색色卽示空空卽示色"이라는 구절이 있는데, 이 구절은 '세계(색)는 모두 진공(공)에서 탄생했다'는 의미이기 때문이다. 또 그리스도교 경전인 《구약성경》에서 천지창조를 기록한 창세기 1장에는 신이 "빛이 있으라"라고 말씀하셨다는 구절이 있고, 신이 이 세상을 만들 때 맨 처음 '빛(광자)'이 생겨났다고 쓰고 있다.

이것이 단순한 우연의 일치일까? 최첨단 과학의 지견과 가장 오래된 종교의 직관이 일치하는 것이 단순한 우연일까? 하지만 만일 《반야심경》을 쓴 불교 승려나 《구약성경》을 쓴 그리스도교 성직자가 기도나 기원을 통해 '제로 포인트 필드'에 연결되었다면, 이 우주가 탄생한 순간의 기억을 종교적 직관으로 파악했다 해도 결코 이상하지 않다.

자, 내 생각을 솔직히 이야기했다. 물론 '제로 포인트 필드' 가설은 아직 과학으로 증명된 실증 이론이 아니며 현시점에서는 어디까지나 가설에 지나지 않는다. 하지만 이 가설은 현대 과학인 양자물리학이나 양자생물학의 견해에 바탕을 두고 고찰한 것으로, 나는 이것이 앞으로 다양한 형태로 과학적인 검토를 할 만한 가치가 있는 흥미로운 가설이라고 생각한다.

참고로 세계 현인 회의인 헝가리 부다페스트 클럽의 창설자인 어빈 라슬로Ervin Laszlo 박사는 우주의 과거와 현재와 미래의 모든 정보를 기록한 '제로 포인트 필드'를 고대 인도철학에서 말하는 '아카샤ākāśa' 즉, 우주 탄생 이래의 모든 존재에 대한 온갖 정보가 기록되어 있는 공간의 명칭을 따서 '아카식 필드Akashic Field'라 부른다.

실은 비슷한 개념이 불교의 유식唯識 사상에도 존재한다. 유식 사상에 따르면 우리의 의식 깊은 곳에는 '말나식(末那識, 불교의 유식설에서 말하는 8식 중 7번째 식으로 모든 감각과 의식을 통합하며, 자기라는 의식을 낳는 마음의 작용. 미망의 근원이 된다고 한다. - 옮긴이)'이 있고, 그보다 더 깊은 곳에는 '아라야식(阿羅耶識, 불교의 유식설에서 말하는 8식 중 8번째 식으로 우주 만물의 전개의 근원이자 모든 의식의 바탕에 있는 의식으로 무의식에 비견된다. - 옮긴이)'이라 불리는 것이 있다. 그리고 아라야식에는 과거의 모든 결과이자 미래의 모든 원인이 되는 종자가 잠들어 있다고 한다.

천재는 왜 아이디어가 '내려온다'고 느끼는가

앞서 우리 마음은 '제로 포인트 필드'와 양자 레벨에서 연결되어 있어서 '제로 포인트 필드'에서 정보를 받거나 거기에 정보를 보낼 수 있다고 했다. 만약 그렇다면 우리가 발휘하는 직관력이나 상상력, 발상능력이나 창조력 같은 것은 사실 우리 뇌가 만들어내는 것이 아니라 '제로 포인트 필드'에서 주어지는 것이라고도 할 수 있다.

이 또한 현시점에서는 가설에 지나지 않지만, 만약 과학으로 실증된다면 자신의 재능이나 능력에 대한 근본적인 패러다임의 전환을 가져올 가능성이 있다. 실제로 연구나 학문, 예술이나 음악 등 분야와 직업을 막론하고 이제까지 세상에서 '천재'라 불리는 많은 사람들에게 아이디어나 발상이 어디서 생기는지 물어보면 다들 거의 예외 없이 "어디선가 내려왔다" "하늘의 계시처럼 떨어졌다" 같은 표현을 썼다. "머리로 생각해서 얻어냈다"고 표현한 사람은 별로 없다.

그렇다면 우리 같은 일반인과 '천재'라 불리는 사람의 차이는 타고난 뇌 구조나 유전자의 차이, 선천적인 능력 차이가 아니라 '제로 포인트 필드'라 불리는 것과 연결되는 능력의 차이이고, 그 능력은 '마음 세계를 바꾸는 방법'을 습득하여 후천적으로 익힐 수 있다.

이 책의 주제로 돌아가서 말하자면 **좋은 운을 끌어당기는 힘의 차이도 사실은 타고난 운이 강해서가 아니라 '제로 포인트 필드'와 연결되는 능력의 차이이고, 그 힘 또한 마음 세**

계를 바꾸는 기법을 습득함으로써 후천적으로 익힐 수 있다.

이렇게 말하면 당신은 당연히 다음 같은 의문을 품을 것이다. 그렇다면 '마음 세계를 바꾸는 방법'이란 무엇일까? 그 방법에 대해서는 4~6장에서 자세히 설명하겠다.

무의식은 더 깊은 마음 세계로 들어가는 입구에 지나지 않는다

2장에서 우리 마음에 다섯 가지 세계가 있다는 것과 각각의 세계에서 어떤 형태로 끌어당김이 일어나며 어떻게 좋은 운을 끌어당기는지에 대해 이야기했다. 그리고 우리 마음이 어떤 의식 레벨과 연결되는지에 따라서 일어나는 현상이 달라질 뿐 아니라 운이 나타나는 방식도 달라진다는 사실을 설명했다. 그렇다면 우리는 인생이나 일에서 좋은 운을 끌어당기기 위해 다섯 가지 마음 세계에 어떻게 대처해야 할까?

우선 지금까지 했던 이야기를 되짚어보자.

1장에서 우리의 마음 상태는 마음과 공명하는 것을 끌어당기기 때문에 좋은 운을 끌어당기기 위해서는 마음 세계가 긍정적 상념으로 채워질 필요가 있다고 설명했다.

2장에서는 우리 마음에 다음 같은 다섯 가지 세계가 있다고 하고 각각의 세계에서 어떤 일이 일어나는지 설명했다.

첫째, 개인적 의식 세계
둘째, 집합적 의식 세계
셋째, 개인적 무의식 세계
넷째, 집합적 무의식 세계
다섯째, 시공간을 뛰어넘은 무의식 세계

그렇다면 여기에 입각해 우리가 좋은 운을 끌어당기기 위해서는 이 다섯 가지 마음 세계에 어떻게 대처하면 될까? 결론부터 말하자면 다섯 가지 마음 세계 가운데 특히 중요한 것은 그 중심에 있는 '개인적 무의식 세계'이다. '개인적 무의식'이란 흔히 잠재의식이나 심층의식이라고 부르는데, 이 책에서는 간략하게 '무의식'이라고 표현하겠다. 그리고 '개인적 의식'은 '표면 의식'이라 부르겠다.

그렇다면 왜 다섯 가지 마음 세계 중에서도 무의식 세계가 더 중요할까? 세 가지 이유가 있다.

첫 번째 이유는 작은 인간 집단을 제외하고 인간 집단이나 조직이나 사회의 집합적 의식이나 집합적 무의식에 개인의 표면 의식으로는 영향을 직접 주기가 어렵기 때문이다.

두 번째 이유는 무의식 세계가 표면 의식 세계보다 강력하기 때문이다. 그래서 무의식 세계에 부정적 상념이 가득하면 아무리 표면 의식 세계에 긍정적 상념이 있더라도 부정적인 것을 끌어당겨 좋은 운이 멀어진다.

세 번째 이유는 무의식 세계가 '집합적 무의식 세계'나 '시공간을 뛰어넘은 무의식 세계'의 입구이고 이런 무의식 세계를 통해 마음속 더 깊은 곳에 있는 두 세계에 연결될 수 있기 때문이다. 따라서 무의식 세계를 긍정적 상념으로 채울 수 있다면 '집합적 무의식 세계'나 '시공간을 뛰어넘은 무의식 세계'에도 긍정적인 것을 끌어당겨 직관이나 예감, 호기, 싱크로니시티, 콘스텔레이션 같은 형태로 좋은 운을 끌어당길 수 있다.

앞에서도 말했지만 무의식 세계를 긍정적 상념으로 채울 수 있다면 '제로 포인트 필드'에서 필요한 것을 필요할 때 필요한 형태로 끌어당길 수 있다. 따라서 단지 좋은 운을 끌어당기는 데 그치지 않고 직관력이나 상상력, 발상능력이나 창조력이 크게 향상되어 우리 안에 있는 능력도 크게 꽃피우게 된다.

그렇다면 좋은 운을 끌어당기고 능력을 꽃피우기 위해서 어떻게 하면 무의식 세계를 긍정적 상념으로 채울 수 있을까? 사실 무의식 세계를 긍정적 상념으로 채우기는 지극히 어렵다. 지금까지 많은 책과 문헌에서 무의식을 바꾸는 방법으로 "표면 의식에 긍정적 상념을 강하게 가지면 그것이 무의식 세계에도 침투하여 좋은 운을 끌어당긴다"고 설명해왔다.

하지만 실제로 그 같은 방법을 실천해도 잘되지 않는다는 사람이 많다. 효과를 보지 못했다는 사람도 많다. 당신도 그렇지 않을까? 그렇다면 기존 방법은 왜 잘되지 않을까? 왜 효과를 발휘하지 못할까?

다음 장에서 그 이유를 설명하겠다.

3

무의식을 바꾸는
기존의 방법은 왜 효과를
발휘하지 못할까

앞에도 썼듯이 옛날부터 많은 책과 문헌이 무의식 세계를 긍정적 상념으로 채우는 일의 중요성에 대해 이야기했을 뿐 아니라 무의식을 바꾸는 방법도 다양하게 제시해왔다. 예를 들어 전 세계 수많은 사람들이 읽은 책으로 조셉 머피의《잠재의식의 힘》이나 나폴레온 힐의《생각하라! 그러면 부자가 되리라》, 최근에는 론다 번의《시크릿》등이 있고, 그 외에도 일일이 열거할 수 없을 만큼 많은 책이 세상에 나와 있다.

이 책들은 공통적으로 무의식 세계에 긍정적 상념을 침투시키는 방법이 좋은 운을 끌어당기기 위해 꼭 필요하다고 말한다. 그리고 그러기 위해서는 표면 의식 세계에 긍정적 상념을 강하게 가지면 그것이 자연스럽게 무의식 세계에도 침투하여 긍정적인 사건이나 긍정적인 만남을 끌어당긴다고 하면서 다음과 같은 구체적인 방법을 이야기한다.

1. 긍정적 상념을 강하게 품는다.
2. 긍정적인 말을 여러 번 되풀이한다.
3. 긍정적인 말을 써 붙이고 반복해서 본다.
4. 긍정적인 이미지를 마음에 새긴다.

가령 새로 시작한 사업에 성공하고 싶다면 '이 사업이 반드시 성공한다는 생각을 마음에 강하게 품는다' '이 사업이 반드시 성공한다는 말을 몇 번씩 소리 내어 말한다' '사업 성공이라는 말을 써서 벽에 붙여놓고 매일 반복해서 본다' '사업이 성공한 장면을 구체적인 이미지로 떠올리고 마음에 새긴다' 같은 일을 실행하라고 권한다.

많은 사람들이 무의식 세계를 긍정적 상념으로 채우는 것의 중요성을 이해하며 이를 위해 제안하는 방법을 실천하지만, 사실 이렇게 무의식을 바꾸는 소박한 방법만으로는 결코 무의식 세계를 바꿀 수 없다. 무의식 세계를 긍정적 상념으로 채우지 못한다. 그렇다면 왜 지금까지 회자된 무의식을 바꾸는 방법으로는 무의식 세계를 바꿀 수 없을까? 왜 무의식 세계를 긍정적 상념으로 채우지 못할까? 여기에는 크게 세 가지 이유가 있다.

첫 번째 이유는 우리 무의식 세계에는 매일 수많은 부정적 상념이 계속해서 들어와 박히기 때문이다. 두 번째 이유는 우리 무의식 세계는 이미 상당히 많은 부정적 상념에 물들어 있기 때문이다. 그리고 세 번째 이유는 우리 무의식 세계는 표면 의식 세계와 반대되는 상념이 생겨나는 '쌍극적 성질'을 가지기 때문에 긍정적 상념을 품으려고 하면 오히려 마음 깊은 곳에서 부정적 상념이 생겨나기 때문이다.

왜 우리 마음은 늘 부정적 상념에 지배당할까

첫 번째, 왜 무의식 세계에는 매일 수많은 부정적 상념이 계속해서 들어와 박힐까? 세상에 넘쳐흐르는 부정적 정보의 홍수 때문에 우리 마음속에 매일 대량의 부정적 상념이 스며든다. 특히 심각한 문제는 매일 아무렇지 않게 눈에 들어오는 미디어 정보가 우리 무의식에 부정적 상념을 계속해서 불어넣는다는 점이다. 텔레비전 방송에서 우연히 본 무서운 병, 신문에서 스치며 본 비참한 교통사고, 전철 잡지 광고에서 본 음산한 범죄가 있다. 나도 모르는 사이에 이런 정보가 매일 우리 무의식 세계에 불안감과 공포감 같은 부정적 상념을 불어넣는다.

이 문제의 심각성을 다룬 것이 윌슨 브라이언 키Wilson Bryan Key의 《현대사회와 잠재의식의 광고학》이나 《성과 미디어》 같은 책이다. 이 책에서 브라이언 키는 미디어에서 반복해서 대량으로 흘러나오는 정보가 모르는 사이에 우리의 잠재의식에 들어와 박혀 우리 행동을 무의식적으로 지배하는 위험성에 경종을 울린다.

즉 텔레비전이나 라디오, 신문, 잡지, 인터넷이나 SNS 등의 미디어에서 매일 대량으로 흘러나오는 부정적인 정보의 홍수가 이 같은 '서브리미널 효과(Subliminal effect, 인지하기 어려운 무의식적 자극으로 인간의 잠재의식에 영향을 미치는 것을 말한다. – 옮긴이)'를 만들어 우리의 무의식 세계를 많은 부정적 상념으로 물들인다. 이것이 무의식 세계를 긍정적 상념으로 채우기 어려운 이유이다.

그렇다면 두 번째, 왜 무의식 세계는 이미 상당히 많은 부정적 상념에 물들어 있을까? 누구의 마음속에나 과거 인생에서 겪은 부정적 경험이 있고, 그것이 마음에 부정적 상념을 고착시키기 때문이다. 가령 어렸을 때 부모에게서 늘 "너는 틀려먹은 애야"라는 말을 들은 사람은 표면 의식에서는 잊고 있더라도 무의식 세계에서 '나는 틀려먹은 인간이야'라고 자기를 한정하는 부정적 상념을 가진다. 또 어릴 때부터 외모에 강한 열등감을 가지고 있는 사람 역시 무의식 세계에서 '나는 외모가 이러니까'라며 자기를 부정하는 부정적 상념을 늘 품고 있다. 마찬가지로 과거 인생에서 가난한 가정환경이나 가정폭력, 공부를 못한다는 열등감, 진학이나 취업에서 겪은 좌절감 등 극히 부정적인 경험을 한 사람 또한 표면 의식에서는 그 기억이 흐려지더라도 무의식 세계에 자기를 한정하거나 부정하는 부정적 상념을 품고 있다.

무엇보다도 무서운 일은 이처럼 극단적인 부정적 경험이 없더라도 우리는 많든 적든 과거에 겪은 부정적인 경험에서 기인하는 불안이나 공포, 불만, 분노, 혐오, 증오 그리고 자기 한정과 자기 부정 같은 부정적 상념을 마음속 깊이 품고 있다.

실제로 당신뿐만 아니라 나를 포함해서 인간이라면 누구나 마음속 깊은 곳에 다소간은 이 같은 부정적 상념을 가지고 있다. 하지만 이러한 상념은 무의식 세계에 존재하기 때문에 표면 의식에서는 당연히 그 존재를 잘 알아차리지 못한다. 부정적 상념이 무서운 이유는 여기에 있다. 예를 들어 겉보기에는 행복한 가정에서 자라 학업 성적도 우수하고 사람들의 사랑을 받아 성격도 좋고 순조로운 인생을 걸어온 것처럼 보이는 사람이 마음속 깊은 곳에 '부모의 기대에 부응하지 못하면 나는 가치 없는 인간이야'라는 강박관념이나 자기 부정적 상념을 가지고 있는 경우가 드물지 않다. 그리고 이 같은 강박관념이나 자기 부정적 상념은 축복받은 환경에서도 그 사람의 인생을 불행한 방향으로 이끌기도 한다.

그래도 만약 우리가 조금 시간을 들여 전문적인 카운슬링(심리치료)을 받는다면, 누구나 마음속 깊은 곳에 스스로도 알아차리지 못한 부정적 상념을 품고 있음을 깨달을 것이다. 또 전문적인 카운슬링을 받지 않더라도 '내관內館' 같은 기법을 써서 자신의 마음속 깊은 곳을 조용히 바라보면 나름대로 마음속의 부정적인 상념을 발견할 수 있다.

인간은 평생 동안 능력의
몇 퍼센트밖에 꽃피우지 못한다

그렇다면 미디어의 부정적 정보나 인생에서 겪은 부정적 경험에서 생겨난 마음속의 부정적 상념은 왜 좋은 운을 밀어내고 나쁜 운을 끌어당길까? 그 이유 중 하나는 부정적 상념이 우리가 원래 가지고 있는 능력을 위축시켜 충분히 발휘하지 못하게 하기 때문이다.

2장에서 무의식 세계를 긍정적 상념으로 채우면 좋은 운을 끌어당길 뿐만 아니라 우리 능력을 끌어내는 일로도 이어진다고 썼는데, 이는 거꾸로 말하면 우리가 무의식 세계에 품고 있는 불안, 공포, 불만, 분노, 혐오, 증오 나아가 자기 한정이나 자기 부정 같은 부정적 상념이 능력을 발휘하는 것을 방해한다는 뜻이기도 하다.

알기 쉬운 예로 보자. 만약 지금 내가 땅에 분필로 30센티미터 간격의 선 두 개를 그은 다음 당신에게 이 폭 30센티미터 길을 벗어나지 말고 걸어보라고 요구한다고 가정하자. 당신이 건강한 사람이라면 아무 문제 없이 걸을 수 있을 것이다. 그런데 만약 눈앞에 있는 것이 깎아지른 절벽 위에 놓인 폭 30센티미터 널빤지 다리라면 어떨까? 아마 당신의 마음속에 생겨난 '떨어지면 죽는다'라는 공포나 '이렇게 좁은 다리는 건널 수 없어'라는 자기 한정 의식 때문에 위축되어 그 다리에서 한 발짝도 나아가지 못할 것이다.

다시 말해 원래는 발을 헛디디지 않고 폭 30센티미터 길을 걸을 수 있는 능력이 있지만 마음속에 불안, 공포, 자기 한정이나 자기부정 의식을 품는 순간 우리 능력은 비참하게 위축되어 가지고 있는 능력을 발휘하지 못한다.

육체적인 능력뿐만 아니라 직관력이나 상상력, 발상능력, 창조력 같은 정신적인 능력도 매한가지이다. 그렇다면 앞에서도 말했듯 우리는 누구나 무의식 세계에 불안이나 공포, 자기 한정, 자기 부정 같은 부정적 상념을 품고 있기 때문에 우리가 본래 가진 능력을 충분히 발휘하지 못하는 셈이다.

옛날부터 심층심리학에서는 다음과 같이 말한다.

'인간은 평생동안 잠재능력의 몇 퍼센트밖에 꽃피우지 못하고 삶을 마감한다.'

이 말은 진실이지만, 바꾸어 말하면 만약 우리가 마음속 깊숙한 무의식 세계에 있는 부정적 상념 즉 불안, 공포, 불만, 분노, 혐오, 증오, 자기 한정, 자기 부정 같은 상념을 없앨 수만 있다면 그리고 무의식 세계를 긍정적 상념으로 채울 수 있다면, 좋은 운을 끌어당길 뿐 아니라 상상을 초월한 형태로 우리 안에 잠들어 있는 잠재능력을 꽃피울 수 있다.

사실 '천재'라 불리는 사람들은 잠재능력을 평범한 사람보다 몇 갑절 더 꽃피운 사람들이 분명하다. 그러니 우리도 만약 마음속의 부정적 상념을 없애고 마음을 긍정적 상념으로 채울 수만 있다면 비슷한 재능을 꽃피울 가능성이 있다.

'누구나 잠들어 있는 천재가 될 가능성'에 대해서 졸저《사람은 누구나 다중인격》에서 자세히 설명했다. 하지만 안타깝게도 무의식 세계의 부정적 상념을 없애고 그 세계를 긍정적 상념으로 채우기란 앞서 설명했듯 지극히 어렵다.

첫째는 미디어를 통해 매일 부정적 상념이 우리의 무의식 세계에 계속 들어와 박히기 때문이고, 둘째는 과거에 겪은 부정적 경험으로 인해 만들어진 부정적 상념이 무의식 세계까지 이미 상당히 많이 물들였기 때문이다.

그렇다면 세 번째 이유는 무엇일까?

전기와 마찬가지로 마음 세계에도
플러스와 마이너스가 동시에 발생한다

앞에서도 썼듯 무의식 세계는 표면 의식 세계와는 반대되는 상념이 생기는 '쌍극적 성질'을 가지고 있다. 즉 표면 의식 세계에 아무리 강한 긍정적 상념을 가지고 있더라도 무의식 세계는 거꾸로 부정적 상념을 가지게 된다. 기존의 무의식을 바꾸는 방법 즉 표면 의식에서 긍정적 상념을 강하게 가져도 무의식에는 별 효과가 없는 가장 큰 이유이기도 하다.

왜 이런 일이 벌어질까? 마음 세계는 전기의 세계와 비슷하기 때문이다. 잘 알려져 있듯 전기의 세계에서는 플러스 전하와 마이너스 전하가 동시에 같은 양이 발생한다. 가령 초등학교 과학 실험에서 배운 것처럼 유리막대를 비단으로 문지르면 유리막대에 플러스 전하가 발생한다. 하지만 이때 비단에 반드시 같은 양의 마이너스 전하가 발생한다.

이 현상처럼 우리가 표면 의식 세계에 '플러스 상념 = 긍정적 상념'을 강하게 끌어내면 실은 무의식 세계에 '마이너스 상념 = 부정적 상념'이 반드시 발생한다.

알기 쉬운 예를 들면, 우리가 억지로 결의를 표명하는 순간 다음과 같은 일이 벌어진다. 시험이든 시합이든 일의 목표이든 어려운 과제에 도전할 때 "반드시 합격할 수 있어!" "반드시 이긴다!" "반드시 달성할 거야!"라고 주위에 선언하면 할수록 마음속 깊은 곳에서는 '과연 할 수 있을까……' '못 하지 않을까……' '못 하면 어떡하지……' 같은 망설임과 불안이 생겨난다.

이렇듯 표면 의식 세계에 '긍정적 상념'을 억지로 끌어내면, 무의식 세계에는 반드시 부정적 상념이 생긴다. 무의식 세계가 가진 이 '쌍극적 성질' 때문에 기존에 주장한 무의식을 바꾸는 방법 즉, '긍정적 상념을 강하게 품는다' '긍정적인 말을 여러 번 한다' '긍정적인 말을 써 붙이고 반복해서 본다' '긍정적인 이미지를 마음에 새긴다' 같은 방법이 별 효과가 없는 것이다.

마음속에 부정적 상념이 없는 특별한 인간이란

그러면 어떻게 해야 할까? 무의식 세계가 가진 '쌍극적 성질'에 어떻게 대처하면 좋을까? 이 문제를 생각하기 위해 한 가지 사안을 고려해보아야 한다.

누구나 표면 의식 세계에 긍정적 상념을 끌어내면 무의식 세계에는 부정적 상념이 생길까?

사람들 중에는 표면 의식에 긍정적 상념을 끌어내도 무의식 세계에 부정적 상념이 생기지 않는 사람도 있다. 어떤 사람일까? 천진난만한 어린아이이다. 천진난만한 아이에게 "너는 어른이 되면 뭐가 되고 싶니?"라고 물어봤다고 하자. 만약 그 아이가 "응, 나는 어른이 되면 우주 비행사가 될 거야!"라고 대답한다 해도 그 아이 마음속에 '될 수 있을까?' '되지 못하지 않을까?' '되지 못하면 어떡하지?' 같은 부정적 상념은 생기지 않는다. 왜냐하면 천진난만하기 때문이다. '천진난만하다'란 말은 '악의가 없다'란 뜻인데, 천진난만한 아이에게는 애초에 '악의＝부정적 상념'이 없다.

반면 어른은 천진난만한 어린 시절을 졸업했을 뿐만 아니라 어정쩡하게 분별이 생겨버려 마음속에 쉽게 부정적 상념이 생긴다. 왜냐하면 '분별'이란 글자 그대로 진위, 선악, 미추 나아가서는 '달성과 좌절' '성공과 실패' '승리와 패배' 같은 형태로 사물을 두 개로 나누는(분별하는) 행위이기 때문이다. 그래서 '분별력 있는 어른'은 어떤 긍정적 상념(진, 선, 미, 달성, 성공, 승리 등)을 품는 순간 마음 한쪽에서 그와 대치되는 부정적 상념(위, 악, 추, 좌절, 실패, 패배 등)을 품게 된다.

그렇다면 우리 어른들은 긍정적 상념을 마음속에 품을 때마다 반드시 마음 깊은 곳에 부정적 상념을 품을까? 반드시 그렇지는 않다. 어른이라도 아이처럼 천진난만한 마음을 가진 사람에게는 이 같은 상념의 분리가 일어나지 않는다.

실제로 세상을 둘러보면 성공한 경영자 중에 천진난만한 마음을 가진 사람이 많다. 특히 벤처로 성공한 창업가 중에는 "이 회사는 반드시 커질 거야!" "이 사업은 꼭 성공한다!" 같은 말을 천진난만하게 하거나, 머릿속에 좌절, 실패, 패배 같은 말이 없지 않을까 싶을 정도로 낙천적인 인물이 많다. 그리고 이는 경영자나 창업가뿐 아니라 예술가나 운동선수 등 한 분야에서 성공한 사람들의 공통적인 특징이라고도 할 수 있다.

물론 이런 인물들은 단순히 천진난만한 인격만으로 일하진 않는다. 앞서 언급한 졸저 《사람은 누구나 다중인격》에도 썼지만, 이들은 이외에도 '현실적 인격'이나 '엄격한 인격'을 함께 지녀서 장면과 상황에 맞게 인격을 바꾸며 대처한다. 다만 이들이 다양한 상황에서 좋은 운을 끌어당겨 일을 성공으로 이끌 수 있는 이유는 그들 안에 있는 천진난만함이나 낙천성의 힘 덕분임이 분명하다.

마음속을 긍정적 상념으로 채우는 세 가지 방법

이렇게 말하면 당신은 다음과 같은 의문을 품을지도 모른다.

'누구나 어린아이처럼 천진난만한 마음을 가질 수 있는 건 아니지. 그런 천진난만한 마음을 못 가진 사람은 어떻게 해야 해?'

지당한 질문이다. 그리고 매우 중요한 질문이다. 여기서 한번 3장의 요점으로 돌아가 우리가 직면한 문제를 명확히 해두자.

첫째, 표면 의식 세계와 무의식 세계를 긍정적 상념으로 채우면 '긍정적인 사건이나 만남'을 끌어당길 수 있고 좋은 운도 끌어당길 수 있다.

둘째, 하지만 아무리 표면 의식 세계에 긍정적 상념을 가지고 있어도 미디어 정보나 과거 경험 때문에 무의식 세계에는 이미 많은 부정적 상념이 들어와 있어 긍정적 상념이 들어오지 못한다.

셋째, 표면 의식 세계에서 아무리 긍정적 상념을 품으려 해도 무의식 세계에는 반드시 그와 반대되는 부정적 상념이 생긴다.

이 난감한 문제를 해결할 방법이 있을까? 해결 방법은 있다. 하지만 그것은 기존의 무의식을 바꾸는 방법이 아니다. 기존 방법에서는 표면 의식 세계에 긍정적 상념을 강하게 품어 그것을 무의식 세계에 침투시키라고 이야기했다. 하지만 그런 방법이 그다지 효과가 없는 이유는 무의식 세계에 이미 존재하는 수많은 부정적 상념이 긍정적 상념을 상쇄하기 때문이다. 따라서 문제는 표면 의식과 무의식 세계에 있는 부정적 상념을 어떻게 없앨 것인가이다.

오해를 무릅쓰고 말해보자면 무의식을 바꾸는 방법으로 가장 중요한 것은 긍정적 상념을 품는 방법이 아니라 부정적 상념을 없애는 방법이다. 다시 말해 무의식 세계에 긍정적 상념을 침투시키기보다 오히려 무의식 세계에 숨어 있는 부정적 상념을 깨닫고 없애는 편이 훨씬 중요하다. 그렇다면 부정적 상념을 어떻게 없앨 수 있을까?

〈시작하며〉에 쓴 '인생의 습관을 고친다' '인생의 해석을 바꾼다' '인생의 각오를 다진다'라는 세 가지 방법인데 구체적으로는 다음과 같다.

첫째, 무의식의 부정적 상념을 정화하는 방법

둘째, 인생의 부정적 경험을 플러스로 전환하는 방법

셋째, 궁극의 긍정적 인생관을 체득하는 방법

4장, 5장, 6장에서는 각각 이 세 가지 방법에 대해 이야기하겠다. 하지만 그 전에 중요한 사실을 말해두고 싶다. 마음속에 있는 부정적 상념을 없애는 이 세 가지 방법은 사실 단지 좋은 운을 끌어당기기만을 위한 방법이 아니다. 그와 동시에 '병을 극복하는 방법'이자 '재능을 꽃피우는 방법'이기도 하다.

왜 그런지 설명하려면 애초에 내가 왜 이 방법을 배워서 실천하고 있는지부터 써야 한다.

'병 극복하기' '재능 꽃피우기' '운 끌어올리기'를 동시에 하는 방법

나는 앞선 세 가지 방법을 좋은 운 끌어당기기만을 위해서 배우고 실천하진 않았다. 처음 목적은 병을 극복하기 위해서였다.

나는 36년 전에 생사를 좌우하는 큰 병을 앓았다. 의사는 내게 "이제 남은 날이 많지 않습니다"라고 선고했다. 이후 매일 내 목숨이 사라져간다는 불안과 공포 속에서 지옥 밑바닥을 헤매는 나날을 보냈다. 지금 돌이켜보면 '이대로 가다가 나는 어떻게 되는 걸까?'라며 미래에 대한 불안과 공포에 시달리거나 '왜 이런 병에 걸렸을까?' 하며 과거에 대한 후회나 자책감에 시달리는 날들이었다. 매일 가장 무거운 부정적 상념에 둘러싸여 살았다. 하지만 마치 무언가가 인도한 듯 스님 한 분을 만났다. 그 스님이 가르쳐준 것이 바로 마음 정화 방법이다. 마음속에 있는 부정적 상념, 불안이나 공포, 후회나 자책 또 불만이나 분노, 혐오나 증오 등을 뿌리부터 불식하는 여러 방법을 가르쳐주었다.

죽음이 눈앞에 들이닥친 상황에서 지푸라기라도 잡는 심정으로 배운 방법을 계속해서 실천한 결과, 신기하게도 병에 대한 불안과 공포가 사라지더니 후회나 자책감도 없어졌고, 나아가 마음속에 강한 생명력이 솟아나서 조금씩 병도 호전되었다. 그리고 10년 동안 이 방법을 계속 실천한 결과 어느덧 병이 사라졌다. 지금 내가 생사를 좌우하는 큰 병을 극복하고 이렇게 활력에 가득 차서 집필, 강연, 교육, 사회 공헌 같은 일에 몰두할 수 있는 것도 36년 전에 배운 이 방법 덕분이다. 그것만으로도 고마운 일인데, 이 방법을 실천하면서 신기한 일이 하나 더 일어났다.

'재능이 꽃피었다'고 해야 할까? 원래 연구자의 길을 걸어온 사람이 비즈니스 세계에서 창업가나 경영가로 다양한 일을 해낼 수 있는 것도 신기하지만, 강사로 강연을 하거나 학원을 열어 다양한 인재 교육에 임하게 된 것도 신기하다.

또 20년 세월 동안 미래론, 사회론, 조직론, 인간론 등 다양한 분야에서 90권 남짓한 책을 낼 수 있었던 것도, 재능이 없다고 늘 한탄하던 내겐 신기한 일이다.

마음 정화 방법 즉, 마음속에서 부정적 상념을 불식하는 방법을 줄곧 우직하게 실천한 결과 얻은 것이 건강과 재능 꽃피우기만은 아니었다. 이 책의 주제인 '운 끌어올리기'라는 측면에서도 신기한 일이 일어났다. 이는 재능 꽃피우기와도 깊이 연결되어 있는데, 인생과 일의 다양한 국면에서 필요할 때 필요한 사람과 만날 수 있게 되었다. 인생과 일의 중요한 장면에서 그야말로 '싱크로니시티'라 부를 만한 사건이 일어나서 좋은 방향으로 이끌었다.

이런 체험을 이야기하자면 책 한 권은 족히 쓸 수 있을 정도이다. 글자 그대로 '신기한 만남과 사건의 연속'이라 부를 만한 일이 일어났다. 이는 모두 36년 전에 만난 그 스님 덕분이다. 이 스님에게 배운 마음 정화 방법을 오랫동안 매일매일 실천하고 내 나름의 사상으로 체계화한 것이 바로 이제부터 이 책에서 이야기할 '인생의 습관을 고친다' '인생의 해석을 바꾼다' '인생의 각오를 다진다'라는 세 가지 방법이다.

첫 번째 '인생의 습관을 고친다' 방법은 누구나 쉽게 시작할 수 있는 방법이니 이 책을 읽고서 곧바로 실천해보기 바란다. 반드시 어떤 효과를 느낄 수 있을 것이다. 두 번째 '인생의 해석을 바꾼다' 방법은 조금 난이도가 높기는 하지만, 여기서 말하는 '해석력'이라는 힘을 일단 익히면 마음속에 부정적 상념이 신기할 정도로 빠르게 사라질 것이다. 그리고 세 번째 '인생의 각오를 다진다' 방법은 가장 난이도가 높은 방법인데, 여기서 말하는 '인생관'을 익힐 수만 있다면 애초에 마음속에 부정적 상념 자체가 생겨나지 않는 '궁극의 긍정적 상념'을 얻을 수 있다.

그렇다면 이제 이 방법들에 대해 차근차근 알아보자.

4

무의식의 부정적 상념을
정화하는 방법

무의식 세계를 바꾸어 좋은 운을 끌어당기는 첫 번째 방법은 무의식 세계에 존재하는 갖가지 부정적 상념을 정화하는 것이다. 구체적으로 어떻게 해야 할까? 여러 방법이 있지만, 이 책에서는 특히 중요한 방법을 소개하려 한다. 바로 평소 습관을 고쳐서 다음 세 가지 습관을 익히는 방법이다.

첫 번째 습관, 자연의 위대한 정화력에 맡긴다.
두 번째 습관, 말에 숨겨진 정화력을 활용한다.
세 번째 습관, 화해의 상념이 가진 정화력을 이용한다.

자연에는 무의식 세계를 정화하는 위대한 힘이 있다

그렇다면 첫 번째 습관인 '자연의 위대한 정화력에 맡긴다' 는 무슨 뜻일까? 말로 표현하면 소박하다.

자연 속에 몸을 담그는 것.

이렇게 말하면 당신은 "그런 게 무의식을 정화한다고?" 하 며 의문스럽게 여길지도 모르지만, 사실 그 효과는 매우 크 다. 소설이나 영화에는 종종 극심한 역경에 처한 주인공이 몸과 마음이 지칠 대로 지쳐서 고향으로 돌아가는 장면이 나 온다. 그리고 고향의 바닷가로 가서 웅대한 바다를 바라보면 지금 자신이 처한 상황이 사소한 일로 여겨지면서 마음을 치 유받아 다시 일어서게 된다는 이야기가 등장한다.

하늘이나 구름, 바다나 호수, 산이나 숲, 나무나 화초, 아침 해나 저녁 해, 달이나 별 등 자연의 웅대함이나 아름다움을 접하는 순간, 우리 마음은 무조건 치유되고 정화된다. "큰 바 다를 바라보는 것만으로도 마음이 맑게 개었다." "밤하늘의 별을 바라보고 있었더니 작은 고민이 사라졌다." 많은 사람 이 이런 심경의 변화를 겪어봤을 것이다. 그리고 당신에게도 비슷한 경험이 있을 것이다.

자연이 가진 '마음을 정화하는 힘'은 단지 표면적으로 기분이 상쾌해지거나 마음이 씻겨 나가는 데에서 그치지 않는다. 그것은 확실히 우리 무의식 세계의 부정적 상념을 씻어 내고 정화하는 힘이 있다. 하지만 이런 자연의 정화력에 의지해 무의식 세계를 정화하기 위해서는 한 가지 중요한 것이 있다.

바로 앞에서 말했듯 자연에 몸을 '담그는' 것이다. 자연과 정면으로 '마주하는' 것이다. 그저 자연 속에 몸을 두거나 자연을 바라보기만 한다고 무의식 세계가 정화되지는 않는다. 실제로 모처럼 훌륭한 자연 속에 몸을 두고 아름다운 자연을 바라보면서도 안타깝게도 그 자연과 정면으로 마주하지 않고 거기에 몸을 담그지 않는 사람이 적지 않다.

나는 후지산 다섯 호수 지역의 자연 속에서 사는데, 몇 년 전에 후지산 5부 능선 부근에서 혼자 멋진 석양을 바라본 적이 있다. 거기에 떠들썩한 학생 무리가 오더니 석양을 배경으로 각자 브이를 하며 기념 촬영을 하고 떠났다. 누구든 청춘에 있을 법한 흐뭇한 광경이었지만, 안타깝게도 그들은 최고의 자연과 정면으로 마주하지 않았을 뿐 아니라 몸을 담그지도 않고 떠났다.

만약 우리가 정말로 자연의 정화력에 몸을 맡겨서 무의식 세계를 정화하고 싶다면 하늘, 바다, 산, 숲, 아침 해, 노을,

달, 별 무엇이라도 좋으니 혼자서 조용히 그 자연과 정면으로 마주하고 몸을 맡겨야 한다. 그리고 자연이 내 속으로 스며드는 이미지를 마음에 그려야 한다. 이때 조용히 그리고 천천히 신선한 공기를 깊이 들이쉬고 내뱉는 호흡법을 병행하는 것이 바람직하다.

만약 이 방법을 습관처럼 몸에 익히고 기회가 있을 때마다 실천한다면, 우리의 표면 의식 세계는 물론이거니와 무의식 세계도 확실히 정화될 것이다. 이때 마주하는 자연은 결코 유명한 관광지의 절경일 필요는 없다. 가까운 공원의 녹음도 좋고, 매일 보는 평범한 길가의 나무나 풀꽃이어도 좋다. 중요한 것은 자연과 허심탄회하게 마주보는 일이다.

진정한 명상이란 자연스럽게 '일어나는' 일

예부터 이런 마음 정화법으로 요가나 좌선을 비롯한 다양한 명상 방법이 존재한다. 물론 이런 명상을 제대로 실천할 수 있다면 마음속에 있는 부정적 상념을 없애고 무의식을 정화할 수 있을 것이다. 하지만 사실 명상은 그렇게 쉽게 실천할 수 있는 것이 아니다. 요즘 들어 '마인드풀니스mindfulness'라는 말과 함께 명상이 하나의 유행이 된 듯하지만, 현실에서 이를 실천하는 사람들 대부분은 휴식이나 내관 수준에 머물고, 진정한 의미의 명상으로 들어갈 수 있는 사람은 결코 많지 않다.

넓은 의미에서 명상으로 여겨지는 좌선도 마찬가지이다. 정치가나 경영자 가운데 매일 좌선을 한다는 사람도 있는데, 많은 경우 글자 그대로 '무념무상' 상태에 들어가는 일은 없다. 참선 중에도 끓어오르는 잡념과 싸우지만 때로는 다리 아픔을 견디면서 좌선을 계속하는 수준에서 끝난다.

왜 이 같은 일이 생길까? 왜 명상은 어려울까? 그 이유는 명상의 본질을 올바로 이해하지 못하기 때문이다.

명상은 '하는' 것이 아니다.
명상은 '일어나는' 일이다.

다시 말해 진정한 명상이란 의도적으로 마음을 명상 상태로 만드는 것이 아니라, 어떤 순간에 마음이 문득 명상 상태가 되기를 기다리는 것이다. 반대로 말하면, 명상이나 좌선이 잘되지 않는 이유는 인위적 의도가 있기 때문이다. '무념무상 상태가 되자' '명상 상태에 들자' 같은 인위적 의도야말로 잡념이 되어 무념무상도, 명상 상태에 드는 것도 방해하는 역설을 일으킨다.

그렇기 때문에 나는 무의식을 정화하는 방법으로 명상이 아니라 '자연에 몸을 담근다'라는 방법을 권한다. 왜냐하면, '자연에 몸을 담근다'는 사실 가장 쉽게 명상의 마음 상태가 일어나는 방법이기 때문이다. 즉 우리가 자연 속에 몸을 두고 자연에 몸을 맡기며 자연의 훌륭함에 마음을 빼앗기는 순간, 명상은 이미 일어나고 있다.

가령 멋진 아침 해를 보거나 근사한 밤하늘을 바라볼 때면 마음속에 '아, 멋진 아침 해야!' '정말 근사한 밤하늘이군!' 같은 말이 떠오른다. 실은 이런 '말'이 생기기 직전의 한순간, 실로 그 한순간에 우리 마음속에 명상 상태가 일어난다. 그리고 무의식 세계로 이어지는 문이 열린다. 하지만 그 직후 마음속에 감동의 말이 생길 때면 이미 우리는 표면 의식 세계로 돌아가서 '인위적 상태'나 '의도된 상태'로 돌아가 있다.

이런 미묘한 상황을 이해할 때 '자연 속에 몸을 담금'으로써 순간적으로나마 깊은 명상 상태에 들어갈 수 있다. 그리고 명상이라는 마음 상태에서는 '시간'이라는 존재가 사라져 버린다. 따라서 명상의 길이가 아니라 명상의 깊이가 중요하다. '자연 속에 몸을 담근다'는 기법 또한 영락없는 명상 방법이다.

다만 그렇다고 내가 요가나 좌선을 비롯한 명상 방법을 부정하는 것은 아니다. 거기에는 오랜 역사 속에서 생겨난 깊은 사상과 고도의 기법이 존재한다. 그리고 그 기법을 제대로 실천한다면 대단히 깊은 의식 상태에 들어갈 수 있는 것 또한 분명하다. 하지만 이를 실천하려면 상당 기간의 수행이 필요하다. 그러므로 그 기법의 표면을 단기간 실천한다면 앞에서 말한 것처럼 휴식 효과나 내관 효과를 얻는 데에 그친다.

일본 정토종을 연 호넨法然 스님의 말을 빌리면, 이런 종교적 방법에는 '난행도難行道'와 '이행도易行道'라는 두 가지 길이 있다고 한다. 어려운 수행을 통해 매우 높은 경지로 향하는 길과 누구나 할 수 있는 쉬운 수행을 통해 조금씩 높은 경지로 향하는 길이다.

내가 이 책에서 추천하는 '자연에 몸을 담그는 방법'은 이런 의미에서 이행도이며, 누구나 비교적 쉽게 명상 상태로 들어가는 방법으로 권하고 싶다.

일상의 아무렇지 않은 말이 무의식을 물들인다

그렇다면 두 번째 습관인 '말의 숨겨진 정화력을 활용한다'란 어떤 방법일까? 간단히 말하면 다음 두 가지 방법이다.

첫째, 부정적인 일상 언어를 쓰지 않는다.

둘째, 긍정적인 일상 언어를 쓴다.

이렇게 말하면 당신은 당연한 소리를 한다고 생각할지도 모르겠다. 그런데 이 방법에서 중요한 것은 '일상 언어' 부분이다. 기존의 무의식을 바꾸는 방법에서는 많은 경우 자기 자신에게 의식적으로 긍정적인 말을 거는 방법을 제시한다. 하지만 이미 말했다시피 우리가 무의식 세계를 긍정적으로 만들기 위해 표면 의식에서 의도적으로 긍정적인 말을 하면, 무의식 세계의 '쌍극적 성질' 때문에 되레 부정적 상념이 생겨난다.

어떻게 하면 무의식 세계에 영향을 주어서 이런 현상이 나타나지 않게 할 수 있을까? 이를 알기 위해서는 무의식 세계가 가진 또 하나의 중요한 성질을 이해할 필요가 있다.

무의식 세계에는 표면 의식이 알아채지 못하는 형태로 본 이미지가 침투하고, 표면 의식이 알아채지 못하는 형태로 전해진 메시지가 침투한다. 즉 3장에서 말한 '서브리미널 효과'이다. '서브리미널 효과'란 영화 화면에 관객이 눈치채지 못하는 특수한 영상 프레임을 숨겨두어 관객의 무의식에 강력한 영향을 미치는 현상을 의미한다. 예를 들어 영상 중간중간 작렬하는 사막이나 차가운 콜라 같은 프레임을 관객이 알아채지 못하게 살짝 넣어두면, 영화를 다 본 뒤에 목이 말라

콜라가 마시고 싶어진다는 심리 효과이다.

'서브리미널 효과'가 상징하듯 우리 무의식 세계에 의도적으로 전달된 이미지나 메시지, 말보다는 아무렇지 않게 보여준 이미지나 아무렇지 않게 전달된 메시지, 나아가 아무렇지 않게 듣는 일상 언어가 더 강하게 침투한다. 따라서 '의식적인 자기 암시'는 무의식 세계에 그다지 침투하지 않는다. 반면 '무의식적으로 쓰는 일상 용어'는 무의식 세계에 잘 침투한다. 자신의 무의식 세계에 영향을 주고 싶다면 이 사실을 반드시 이해할 필요가 있다.

이 점을 이해한다면 기존의 무의식을 바꾸는 방법이 제창하는 '긍정적 상념을 강하게 품는다' '긍정적인 말을 여러 번 되풀이한다' '긍정적인 말을 써 붙이고 반복해서 본다' '긍정적인 이미지를 마음에 새긴다' 같은 방법이 큰 효과가 없는 이유를 알 수 있다. 그리고 내가 앞에서 말한 이 두 가지 방법 (첫째, 부정적인 일상 언어를 쓰지 않는다. 둘째, 긍정적 일상 언어를 쓴다) 을 장려하는 이유도 잘 알 수 있다.

이 두 가지 방법 가운데 '부정적인 일상 언어를 쓰지 않는다'를 가장 먼저 해야 한다. 예를 들어 '글렀어!' '무리야!' '심하다!' '최악이야!'처럼 상황을 감정적으로 강하게 부정하는 단어를 일상생활에서 가능한 한 써서는 안 된다. 물론 부정적인 단어를 일상 습관처럼 쓴다고 해서 그 사람 표면 의식에 반드시 자기 파괴적인 마음이 있다는 의미는 아니지만, 이 같은 단어가 우리 무의식 세계에 침투하면 부정적 상념이 되어 때로는 생각지도 못한 형태로 자기 파괴적인 것을 끌어당긴다. 부정적인 일상 언어에는 우리가 알아두어야 할 무서운 성질이 또 하나 있다.

타인을 비난하고 부정하는 말은 나에게 돌아온다

바로 '주어가 빠지는 성질'이다. 다시 말해 우리가 강하게 또 감정적으로 누군가를 비난하거나 부정하는 말을 하면 무의식 세계에서 그 말의 주어가 빠져서 서술어가 우리에게 되돌아온다.

가령 "저 녀석은 틀려먹었어!" "저 사람은 반드시 실패할거야!" "저런 인간은 반드시 호되게 당하겠지!"처럼 누군가를 신랄하게 비난하고 부정하는 말은 무의식 세계에서 주어부분이 사라지고 '틀려먹은 놈' '실패할 거야' '호되게 당하겠지' 같은 서술어 부분이 자신에게 돌아온다. 이것이 예부터 무의식 세계의 이상한 성질이라고 알려져 있으며, 일본의오래된 속담에도 이런 가르침을 담은 말이 있다. 바로 "남을저주하면 구멍이 두 개"라는 속담이다. 이는 '사람을 저주해서 죽이려고 하면 상대방과 자기 자신의 무덤 두 개가 필요하다'라는 뜻의 속담이다. '죽인다' 같은 극단적인 예가 아니더라도, 이 말에는 누군가를 강하게 원망하며 원한 섞인 말을 마음에 새기면 상대방에게도 나쁜 일이 일어나지만, 자기 자신에게도 똑같이 나쁜 일이 되돌아온다는 교훈을 담고 있다.

따라서 말에 숨겨진 정화력을 활용하는 습관의 첫 번째 방법은 이것이다.

부정적인 일상 언어를 쓰지 않는다.

무엇보다 먼저 이 방법을 일상 습관으로 몸에 익히고 실천하고 나서 다음 두 번째 방법을 익혀야 한다.

긍정적인 일상 언어를 쓴다.

이제까지 이야기한 무의식 세계의 성질을 이해한다면 더 설명할 필요는 없겠다. 하지만 긍정적인 말은 의식적인 자기 암시가 아니라, 어디까지나 무의식적 일상 언어로서 몸에 익어야 한다.

이 말의 의미는 바로 뒤에서 '세 가지 감'을 담은 말로 설명할 텐데, 이런 말이 자연스럽게 입 밖으로 나오게 되면 확실히 무의식 세계가 정화되어 긍정적으로 바뀌는 동시에 긍정적 사건이나 만남을 끌어당기고 좋은 운을 끌어당겨 인생 자체가 크게 달라진다. 참고로 우리가 일상에서 쓰는 긍정적인 말이 가진 힘에 대해서는 예부터 다양한 형태의 지혜가 전해져 내려온다. 일본 조동종(曹洞宗, 육조 혜능이 조계에서 법을 전하며 일으킨 불교 종파. - 옮긴이)의 종조인 도겐道元 선사는 저서 《정법안장》에서 "착한 말은 능히 하늘을 움직인다는 사실을 배워야 한다"고 했는데, 이 말은 '긍정적인 일상 언어(착한 말)에는 세계를 바꾸는(하늘을 움직이는) 힘이 있다'는 뜻이기도 하다. 또 불교의 '팔정도八正道'에서도 '정어(正語, 바른말을 쓰는 것)'의 중요성을 이야기한다.

'세 가지 감'을 담은 말을 쓰면
좋은 운을 끌어당길 수 있다

그렇다면 긍정적인 일상 언어를 써서 무의식 세계를 정화하기 위해서는 어떠한 말을 써야 할까? '세 가지 감'을 담은 말이 중요하다.

첫째, '감탄'을 담은 말

둘째, '감사'를 담은 말

셋째, '감동'을 담은 말

첫 번째 '감탄'을 담은 말이란 누군가의 좋은 점을 칭찬하는 말이다. 단, 칭찬과 관련해서는 요즘 효과적인 매니지먼트를 위한 칭찬 기술의 중요성이 회자되면서 '어떻게 칭찬할 것인가?' '칭찬하는 말을 어떻게 쓸 것인가?'에 대한 이야기가 다양하게 나온다. 그런데 이 책에서 말하는 칭찬은 이런 의미가 아니다. 칭찬을 통해서 상대에게 동기를 부여하거나 인간관계를 좋게 만들기 위한 행위가 아니란 말이다.

이 책에서 말하는 칭찬의 의미는 상대방의 좋은 부분이나 훌륭한 곳을 느끼면 그냥 무조건 진심으로 마음에서 우러나 칭찬한다는 뜻이다. 다시 말해 이 책에서 말하는 '감탄을 담은 말'이나 '칭찬하는 말'이란 이런저런 의도를 담아 하는 말이 아니라 그냥 자연스럽게 감탄의 말이 입 밖으로 나오는 것을 뜻한다.

두 번째 '감사'를 담은 말이란 마음 깊은 곳에서 '고맙습니다'라고 생각해서 하는 말이다. 가장 알기 쉬운 예가 타인이 친절을 베풀면 마음을 담아 진심으로 "감사합니다"라고 말하는 것이다. 반면 장사나 영업장에서 의례적으로 말하는 "감사합니다"에는 마음이나 감정이 담겨 있지 않기에 우리의 무의식을 결코 긍정적으로 만들어주지 않는다. 하지만 장사를 하거나 영업을 할 때도 마음을 담아 "감사합니다"라고 말하는 습관을 들이면 우리의 무의식 세계가 확실히 긍정적으로 변한다.

'감사'를 담은 말은 누군가가 내게 친절을 베풀었을 때만 하는 것이 아니다. 삶에서 일어나는 갖가지 사건에 대해 입 밖으로 내어 고마움을 표하는 것도 중요하다. 택시를 타고 급히 역으로 가서 열차가 출발하기 직전에 올라탔을 때, '고마운 일이야! 안 늦었어'라고 마음속으로 말하는 것도 중요하다. 또 평범한 일상에서도 가족들이 모여 밥을 먹을 때 자연스럽게 "이렇게 가족이 함께 밥을 먹을 수 있는 건 고마운 일이지"라고 말하는 것도 중요한 습관이다.

인생의 갖가지 사건에 감사하는 습관을 들이면, 행운으로 보이는 사건뿐 아니라 불운해 보이는 사건에도 자연스럽게 고마움을 표할 수 있게 된다. 그 의미는 5장에서 설명하겠다.

세 번째 '감동'을 담은 말이란 훌륭한 자연을 접했을 때 감동을 표현하는 말이다. 가령 "멋진 밤하늘이야!" "상쾌한 바람이군!" "최고의 노을이네!" 같은 말이다. 생물학자인 레이첼 카슨Rachel Carson이 남긴 말 중에 '센스 오브 원더Sense of Wonder'라는 유명한 표현이 있는데, '감동하는 마음'이라고 번역한다. 우리는 이런 감각을 소중히 여겨야 한다. 그리고 이를 말로 표현하는 것에 주저하지 말아야 한다. 자연을 접했을 때뿐 아니라 훌륭한 예술이나 음악을 접했을 때에도 이런 감동의 말을 하면 좋다.

이렇듯 무의식 세계를 정화하려면 부정적인 일상 언어를 쓰지 않을 뿐 아니라 긍정적인 일상 언어를 쓰는 것이 중요한데, 그 한 가지 방법이 '감탄' '감사' '감동'이라는 '세 가지 감'을 담은 말을 소중히 하는 것이다.

처음에는 일상생활에서 이런 말을 의식적으로 써야 하겠지만 머잖아 습관이 되면 자연스럽게 입 밖으로 나온다. 그러면 긍정적인 말이 우리 무의식 세계에 침투하는 동시에 무의식 세계의 부정적 상념을 정화할 것이다.

왜 말만 해도 마음이 바뀌는가

말과 마음의 관계를 생각할 때 우리가 이해해야 하는 중요한 사실이 하나 더 있다. 바로 불교에서 이야기하는 '신심일여身心一如'이다. 이는 우리의 마음과 몸은 본래 하나이며, 마음이 몸의 자세를 바꾸는 동시에 몸이 마음의 자세를 바꾼다는 뜻이다. 마찬가지로 말을 넓은 의미에서 '신체'라고 한다면, 마음 상태가 말을 바꿀 뿐만 아니라, 말도 마음 상태를 바꾼다.

알기 쉽게 말하면 우리는 고마운 마음을 품기 때문에 "고 맙다"라고 말하는데, 거꾸로 '고맙다'는 말을 하기 때문에 마 음이 고마운 상태가 된다는 것에도 타당성이 있다.

서양에서는 철학자 모리스 메를로퐁티Maurice Merleau-Ponty 가 '신체성'이라는 개념으로 불교의 '신심일여'와 비슷한 이 야기를 했는데, 불교에서 '신심일여'를 말하는 데에는 분명 한 이유가 있다. 종교의 목적 중 하나는 우리의 마음 상태를 바꾸는 것인데, 사실 직접 영향을 주어 마음을 바꾸기란 극 히 어려운 일이다. 그래서 많은 종교에서는 우선 일상의 태 도나 행동, 말투를 바꾸어 마음 상태를 바꾸는 방법을 쓴다. 이것이 바로 많은 종교에서 '행(행실, 행위, 행동)'이라는 신체 적 측면을 중시하는 이유이자, 수행이 중시되는 이유이기도 하다. 예를 들어보자. 마음이 정돈된 상태에서는 자연스럽 게 등을 쭉 펴게 되지만, 반대로 등을 쭉 펴면 마음이 정돈되 기도 한다. 마찬가지로 절에서 절을 하면 자연스럽게 마음이 경건해진다. 누구나 경험해봤을 것이다.

다만 이런 '신심일여'의 이치를 활용하여 말로 마음에 영 향을 주려고 한다면 한 가지 주의할 점이 있다. 일상적으로 무슨 말을 할 때 마음과 말이 일치되어야 한다. 가령 "고맙 습니다"라고 말할 때에는 마음속에도 고마움의 감정을 품고 말하고, 누군가를 "훌륭하다"고 칭찬할 때에는 마음속에도

'훌륭하다'는 생각을 품고 말해야 한다. 이렇게 쓰면 당연한 소리라고 생각할지도 모르겠지만, 세상을 둘러보면 마음과 말이 일치하지 않는 사람이 적지 않다.

거짓 웃음을 지으며 "고맙습니다"라고 하는 사람, "괜찮습니다"라며 상대방을 용서하는 것 같지만 눈은 웃지 않는 사람, "훌륭하네요"라고 마음에도 없는 빈말을 하는 사람, 마음과 정반대되는 말로 상대를 대하며 '면종복배面從腹背'하는 사람. 이 같은 사람들이 결코 적지 않다.

말과 마음이 다른 인간적이지 못한 모습도 안타깝지만, 이런 태도가 일상 습관이 된 사람은 여기서 말하는 '신심일여'의 이치를 활용하여 말로 무의식 세계에 영향을 주려 해도 잘 되지 않는다. 반대로 일상생활이나 일에서 말과 마음을 일치시키는 수행을 한 사람은 '신심일여' 상태가 강해져 일상 언어로 무의식 세계를 정화하기 쉽다.

부정적 상념은 대부분 인간관계에서 비롯된다

무의식 세계를 정화하는 세 번째 습관 '화해의 상념이 가진 정화력을 이용한다'는 어떤 방법일까? 이는 일상생활이나 일과 관련된 인간관계에서 마찰이나 갈등, 반목, 충돌이 있는 사람과 마음속으로 하나하나 화해하는 방법이다.

왜 이 방법이 유효할까? 사실 우리 마음속에 있는 부정적 상념은 대부분 인간관계의 마찰이나 갈등, 반복, 충돌에서 생겨나기 때문이다. 인간인 이상 우리는 타인과 전혀 만나지 않고 홀로 살아갈 수 없다. 누구에게나 마음속에 자아가 있으며, 누구나 인간적인 미숙함을 끌어안고 살아간다. 그렇다보니 가족이나 친척과의 인간관계, 친구나 지인과의 인간관계, 일과 관련된 인간관계를 비롯해 다양한 상황에서 다른 사람과의 마찰이나 갈등, 반목, 충돌 같은 골치 아픈 문제에 직면한다. 예를 들면 '요즘 부부 사이가 나쁘다' '오래된 친구와 싸웠다' '직장 상사가 좋아지지 않는다' 같은 문제이다. 이 같은 문제는 물론 현실 생활이나 일에서도 다양한 트러블을 일으킬 때가 많지만, 설사 현실 세계에서 트러블을 일으키지 않더라도 실은 이런 마찰이나 갈등, 반목, 충돌이 우리 마음속에 상대방에 대한 불안이나 공포, 불만, 분노, 혐오, 증오 같은 부정적 상념을 낳아 갖가지 문제를 야기한다.

부정적 상념이 무의식 세계에 부정적인 것을 끌어당겨서 나쁜 운을 만든다고 여러 차례 설명했는데, 여기서 중요한 문제는 다양한 인간관계에서 생겨나는 마음속의 부정적 상념에 '어떻게 대처할 것인가'이다. 실은 이런 부정적 상념에 대처하기 위한 확실한 방법이 하나 있다.

바로 모든 사람과 화해하기이다. 마음속에서 마찰이나 갈등, 반목, 충돌을 느끼는 사람 나아가 불안이나 공포, 불만, 분노, 혐오, 증오를 느끼는 사람 모두와 '화해한다'는 뜻이다. 이렇게 말하면 놀랄지도 모르지만, 이 사람들 모두와 직접 만나서 상대방에게 사과하거나 그를 용서하거나 서로 화해하라는 말이 아니다. 이는 현실적으로 불가능하며, 또 현실적으로 가능하다 해도 반드시 그렇게 할 필요는 없다. 그렇다면 어떻게 해야 하나?

마음 세계에서 한 사람 한 사람과 화해한다.

즉 현실 세계가 아니라 마음 세계에서 그 사람들과 화해한다는 뜻이다. 마음 세계에서 사람들과 화해하기 위해서 세가지 절차를 연속해서 실천해야 한다.

마음속에서 감사의 말을 하며 한 사람 한 사람과 화해한다

첫 번째 할 일은 '맺힌 것 내관하기'이다. 첫 번째 순서로 마음 세계를 조용히 내관하여 마음에 맺힌 것이나 마음의 응어리를 발견하고 그 대상이 된 사람을 떠올린다. 우선 '내관'이란 자기 마음속을 구석구석까지 조용히 바라보는 것인데, 이렇게 하면 다양한 사람들과의 인간관계에서 마음에 맺힌 것이 보인다. '마음에 맺힌 것'이란 마찰이나 갈등, 반목이나 충돌에서 기인하는 마음의 응어리 같은 것이다. 바꿔 말하면 그 사람이 마음에 떠오를 때 '어쩐지 마음에 걸린다' '뭔가 언짢은 기분이 남아 있다' '떠올리면 불쾌해진다' 같은 생각이 드는 마음 상태이다.

두 번째 할 일은 '감정을 명확하게 만들기'이다. 그 사람을 떠올리면 왜 '어쩐지 마음에 걸린다' '뭔가 언짢은 기분이 남아 있다' '떠올리면 불쾌하다' 같은 감정을 품는지를 깊고 조용하게 바라본다. 여기서 '깊다'라는 말의 의미는 '감정의 원인'을 깊게 바라본다는 뜻이다. 왜 이 같은 감정이 생겨났는지 깊게 생각해보라는 말이다.

가령 얼마 전에 한 사람이 내게 한 말이 왠지 무시하는 것처럼 느껴져서 언짢은 기분이 든다면 깊게 바라본다. 그러면 그 사람이 예전에 내게 보인 행동이 나를 업신여기는 느낌이어서 말에서도 그런 느낌을 받았다는 것을 깨닫는다. 이렇듯 '어쩐지 마음에 걸린다' '뭔가 언짢은 기분이 남아 있다' '떠올리면 불쾌해진다'라는 감정을 더 깊게 바라보고, 내 마음에 무엇이 맺혀 있는지 왜 응어리가 생겼는지 생각해본다.

'조용하게'라는 말의 의미는 자신을 객관적으로 바라보는 또 하나의 자신이 마음속에 나타난다는 뜻이다. 사람을 평가할 때 "그 남자는 자신을 보지 못한다"거나 "그 여성은 자기 자신을 잃어버렸다" 같은 표현을 쓴다. 반대로 "그 남자는 자신을 잘 보고 있으니 괜찮다"거나 "그 여성은 자신을 다시 바라보고 있다"는 표현도 종종 쓴다. 이런 말이 의미하듯 사실 우리의 내면에는 내 모습을 조금 떨어진 곳에서 객관적으로 볼 수 있는 '또 하나의 현명한 나'가 있다.

또 하나의 나는 누구에게나 있지만, 자신의 감정에 휩쓸리기 쉬운 사람은 그것이 마음속 깊은 곳에서 바깥으로 좀체 드러나지 않는다. 반대로 감정에 그다지 휩쓸리지 않는 냉정한 사람은 또 하나의 나가 필요할 때 자연스럽게 밖으로 드러난다. 하지만 감정에 휩쓸리기 쉬운 사람도 자기 속에 '또 하나의 현명한 나'가 있음을 믿고, '또 하나의 나'의 시선으로 자신의 감정을 바라보려 의식한다면, 지극히 자연스럽게 '또 하나의 나'가 드러난다.

세 번째 할 일은 '상대와 화해하기'이다. 이렇게 자기 마음속에 있는 '어쩐지 마음에 걸리고' '뭔가 언짢은 기분이 남아 있으며' '떠올리면 불쾌해지는' 맺힌 것이나 응어리진 감정을 깨닫고 그것을 깊고 조용하게 바라보고 있으면 자연스럽게 그 감정이 향하는 대상과 마음을 똑바로 마주할 수 있게 된다. 여기서 '똑바로 마주한다'는 말의 의미는 상대방을 '삐딱한 태도로 보지 않고 마주 본다'는 뜻이다.

왜냐하면 우리는 어떤 사람에게 부정적인 감정을 품으면 그를 삐딱한 태도로 보기 때문이다. '어차피 저 사람은……' '저 사람이 그렇지……' '결국 저 사람은……' 같은 치우친 감정을 품고 상대방을 보게 된다. 하지만 이렇게 말해도 당신은 "그렇지만 역시 싫은 사람을 생각하면 감정이 앞서서 똑바로 마주하고 바라볼 수는 없다"고 할지도 모른다. 이 또한 사람의 감정이고 나도 그 마음을 이해한다. 하지만 똑바로 마주할 수 없을 때 해볼 만한 방법이 하나 있다.

'만약 내가 상대방의 입장이라면 어떻게 생각하고 어떻게 느낄까?'

이런 시점에서 두 사람의 관계를 바라보는 것이다. 이렇게 시점을 바꿀 수 있다면, 조금은 상대방의 핑계나 논리, 기분이나 감정을 이해할 수 있다. 그러면 자연스럽게 상대방을 똑바로 마주할 수 있다. 그리고 상대와 마음으로 똑바로 마주할 수 있게 되면 그 사람과의 화해는 한 걸음 앞으로 다가온다. 그렇다면 이 한 걸음은 무엇일까? 어떻게 하면 한 걸음을 내디딜 수 있을까?

왜 감사의 말은 마음을 크게 변화시키는가

마음속으로 감사의 말을 한다. 즉, 마음속으로 상대방에게 '○○씨, 고맙습니다'라고 말을 건다. 이렇게 쓰면 "그렇게 간단하게?"라고 할지도 모르겠다. 다만 이렇게만 해도 마음 속에서는 신기할 정도로 뭔가가 달라지기 시작한다. 하지만 '마음속으로 감사의 말을 한다'는 방법에는 조금 더 깊은 의미가 있다. 이를 세 가지로 설명하겠다.

첫 번째는 '마음속으로'이다. 이는 상대와 직접 만나 화해할 필요는 없다는 뜻이다. 물론 그 사람과 직접 만나서 화해할 수 있다면 훌륭하겠지만, 지금 문제는 우리 마음속에 생기는 부정적 상념과 그 상념이 나쁜 것을 끌어당기고 나쁜 운을 끌어당긴다는 사실이다. 따라서 이 문제는 무엇보다 먼저 자기 자신의 마음속 문제로 해결해가면 된다. 내 마음이 긍정적이면 그것만으로도 마음이 끌어당길 수 있는 것이 크게 바뀌기 때문이다.

2장의 '집합적 무의식' 부분에서 설명했듯 우리 마음은 깊은 세계에서 연결되어 있다. 그렇기에 내 심경이 정말로 달라지면 신기하게도 상대방에게 전해져서 다음에 만날 때는 그 사람의 심경도 달라지는 일이 일어난다. 그 일이 반드시 일어난다고 할 수는 없지만, 내 경험상 꽤 자주 그런 신기한 일이 벌어졌다.

두 번째는 '감사의 말을 한다'이다. 이것은 감사를 하라는 말이지 사과하거나 용서하라는 말이 아니다. 확실히 많은 사람들이 화해를 사과나 용서라고 생각한다. 물론 현실 세계에서는 이렇게 사과나 용서의 형태로 화해할 때가 종종 있다. 하지만 마음 세계에서는 실은 사과나 용서가 그리 옳지 않다. 왜냐하면 사과나 용서는 어느 한쪽이 옳고 다른 한쪽은 잘못했다는 구도를 만들어서 부정적 상념이 슬그머니 생겨나기 때문이다. 이에 반해 '감사'라는 행위에서는 이런 옳고 그름이나 선악의 분리가 발생하지 않으므로 부정적 상념이 생겨나지 않는다. 따라서 진정한 화해를 위해서는 감사의 말을 하는 것이 사과하거나 용서하는 것보다 좋은 방법이다.

세 번째는 '말을 한다'이다. 이는 '마음속으로 감사한다'는 뜻이 아니라 '마음속에서 감사의 말을 한다'라는 뜻이다. 즉 감사하는 마음이 아니더라도 그냥 "○○씨, 고맙습니다"라고 감사의 말을 하면 된다. 왜냐하면 불안이나 공포, 불만이나 분노, 혐오나 증오를 느끼는 사람에게 곧장 감정을 억누르고 마음 상태를 바꾸어 진심으로 감사하는 것은 대단히 어려운 일이기 때문이다. 하지만 감정을 쉽게 바꿀 수는 없어도 말은 할 수 있다. 설사 진심으로 감사할 수 없는 상황이더라도 감사의 말은 할 수 있다.

앞에서 말했듯 우리의 말과 마음에는 '신심일여'라는 이치가 작동하기 때문에 일단 말로 표현하면 마음도 그에 따라 변화한다. 따라서 감사의 말을 하면 신기할 정도로 마음 상태가 달라진다. 당장 감사하는 마음으로 바뀌지는 않더라도 마음속이 긍정적인 방향으로 바뀐다.

지금 바로 실천할 수 있는,
싫은 사람과 화해하는 방법

이렇게 해서 화해의 상념이 가진 정화력을 이용하는 세 가지 방법과 순서를 알아보았다. 여기서 '맺힌 것 내관하기' '감정을 명확하게 만들기' '상대와 화해하기'라는 세 가지 절차를 이해했다면, 이제 몇 분만이라도 좋으니 이 책을 읽던 손을 멈추고 한번 해보기 바란다.

우선 조용히 내관해보자. 마음속에 맺힌 것이나 응어리를 만들어내는 몇 사람의 얼굴이 떠오를 것이다, 반드시. 때로는 가족일지도 모른다. 친구일지도 모르고, 직장 상사일지도 모른다. 아무튼 한 사람을 마음으로 그려보며 조용히 똑바로 마주하고 그에 대한 자신의 감정을 깊이 바라보기 바란다.

다음으로 그 감정이 얼만큼 부정적이든 무조건 마음속으로 "○○씨, 고맙습니다"라고 중얼거려본다. 그 중얼거림을 몇 번 반복해본다. 이 방법으로 당장 그 사람에 대한 부정적 상념이 사라지지는 않을 것이다. 하지만 확실히 그 상념이 약해지는 느낌을 받을 수 있다. 그리고 당신 안에 있는 무언가가 치유되었다고 느낄 것이다.

단지 그뿐이다. 화해의 방법이란 그것이 전부이다. 그리고 어느 한 사람과 화해했다면 좀 전에 내관하며 마음에 남은 다음 사람을 그리면서 똑같은 화해 방법을 실행해보라. 시간이 허락한다면 이 방법을 반복하며 마음속에 맺힌 것이나 응어리를 느끼는 사람이 없어질 때까지 계속해보라. 시간이 없다면 이 방법을 몇 번에 걸쳐 실천해도 좋다. 단지 이것만으로도 당신의 마음이 바뀌기 시작한다.

남을 탓하는 마음이 내 마음을 괴롭힌다

이렇게 해서 세 번째 습관인 화해의 상념이 가진 정화력을 이용하는 방법을 알아보았다. 다시 한번 말하지만 이것은 마음속에서 마찰이나 갈등, 반목, 충돌을 느끼는 사람을 한 사람, 한 사람 떠올리고 "고맙습니다"라고 감사의 말을 하며 마음속으로 화해할 뿐인 소박한 방법이다. 하지만 그것만으로도 신기할 정도로 우리 마음이 치유된다. 그리고 우리 무의식 세계도 정화된다.

물론 이 방법으로 현실 생활이나 일에서 겪는 누군가와의 마찰이나 갈등, 반목이나 충돌이 당장 해소될 리 없다. 하지만 내 마음이 달라지기만 해도 상대방이 신기할 정도로 거기에 감응하여 나를 대하는 자세가 달라지는 일이 종종 생긴다. 그러므로 만약 당신이 이런저런 인간관계로 고민하고 있다면 이 방법을 습관적으로 실천해보라고 권하고 싶다. 현실 인간관계에서도 반드시 무언가가 달라질 것이다.

설사 현실 인간관계가 달라지지 않는다 할지라도 당신의 마음은 편안해진다. 왜냐하면 인간관계의 괴로움은 대부분 남이 나를 비난하거나 공격하기 때문에 생기는 것이 아니라 실은 남이 나를 비난하거나 공격할지도 모른다는 불안감이나 공포심 때문에 생겨난다. 이런 불안감이나 공포심은 사실 내 마음속에 있는 상대방을 비난하는 기분이나 공격적인 감정이 거울처럼 반사된 것이다. 다시 말해 내 안에 있는 남을 탓하는 마음이 내 마음을 괴롭힌다.

따라서 화해 방법으로 내 마음속에 있는 상대방을 비난하는 기분이나 공격적인 감정을 없애다보면 신기할 정도로 마음속 불안이나 공포가 사라져서 마음이 치유된다. 예부터 전해오는 격언 중에 '감사는 모든 것을 치유한다'라는 말이 있다. 이 말처럼 감사의 말을 이용하는 방법은 극적이진 않지만 조용하게 우리의 상처받은 인간관계를 치유해준다. 그리고 무엇보다 우리의 마음을 치유해준다.

이 방법으로 상처받은 인간관계에서 생기는 부정적 상념을 없애다보면 자연스럽게 좋은 운을 끌어당기는 자신을 발견할 것이다.

5

인생의 부정적인 경험을
플러스로 전환하는 방법

무의식 세계를 바꾸고 좋은 운을 끌어당기기 위한 두 번째 방법은 과거 인생에서 일어난 부정적인 경험을 하나하나 플러스로 전환하면서 무의식 세계에 있는 부정적 상념을 없애는 방법이다.

4장에서는 우리 마음 세계에 부정적 상념이 생기는 큰 원인 중 하나가 인간관계 속 마찰이나 갈등, 반목, 충돌 그리고 이로부터 비롯되는 마음속의 불안이나 공포, 불만, 분노, 혐오, 증오라고 설명했다. 이에 더해 우리 마음 세계에 부정적 상념이 생기는 또 다른 큰 원인은 과거 인생에서 다양한 형태로 겪은 부정적인 경험이다. 예를 들면 다음과 같다.

"부모님의 사랑을 받지 못했다."

"대학 입시에 실패했다."

"병으로 고생했다."

"바라던 회사에 취직하지 못했다."

"일에 크게 실패했다."

"사업을 시작했다가 좌절했다."

"회사에서 해고되었다."

이런 부정적인 경험은 우리 무의식 세계에 '나는 별로 우수하지 않은 인간이다' '나는 별로 장점이 없는 인간이다' '나는 별로 운이 따르지 않는 인간이다' 같은 자기를 한정하거나 부정하는 부정적 상념을 낳고 고착시킨다. 따라서 두 번째 방법은 이런 과거의 부정적 경험을 하나하나 돌아보며 의미를 재고하고 해석함으로써 그것이 결코 부정적 경험이 아님을 분명히 하는 방법이다. 바꿔 말하면 다음과 같다.

인생의 '해석'을 바꾼다.

그렇다면 이는 어떤 방법일까? 다음에 설명할 '해석의 다섯 가지 단계'를 마음속에서 순서대로 따라가보자.

누구에게나 성공의 경험은 있다

우선 해석의 첫 번째 단계는 다음과 같다.

내 인생에 성공의 경험이 많이 있음을 깨닫는다.

이렇게 말하면 "내 인생에는 실패만 있고 성공한 경험은 별로 없는데……"라고 말하는 사람도 있을 것이다. '성공의 경험'이라 하면 극적인 성공 경험의 이미지를 떠올리기 때문에 '나에게는 성공의 경험이 없다'고 믿는 사람이 적지 않다. 하지만 여기서 말하는 '성공의 경험'이란 경기에서 전국 우승을 하거나 프로로 유명한 상을 받거나 창업해서 대성공을 거두는 등의 극적인 성공 경험이 아니다. 사실 살면서 다양한 성공의 경험을 했지만, 실패한 경험에만 눈이 가서 결과적으로 부정적 상념이 만들어지는 것이 문제이다. **따라서 해석의 첫 번째 단계는 아무리 작은 성공의 경험이라도 좋으니 내 인생에 많은 성공의 경험이 있다는 사실을 깨닫는 것이다.** 예를 들어보자.

'어렸을 때 부모님이나 선생님이 칭찬해줘서 기뻤던 경험' '고등학교 때 학교 축제에서 반 친구들과 카페를 열어 성공했던 경험' '가장 가고 싶었던 학교는 아니었지만 대학 입시에 합격한 경험' '희망하던 회사는 아니었지만 취업난이 극심한 때에 취직한 경험' '독감에 걸렸지만 프로젝트를 열심히 완수한 경험.'

이렇게 작은 경험이라도 좋으니 인생의 다양한 장면을 회상해보고 그것이 실은 성공의 경험이었음을 깨닫는다. 거듭 말하지만 우리는 인생을 돌아볼 때 얻은 것보다 얻지 못한 것에 눈이 가는 경향이 있다. 성공한 일보다 실패한 일에 마음이 향하는 경향이 있다. 이것이 우리 마음속에 부정적 상념이 생기는 큰 원인이다. 따라서 인생을 돌아보며 소소한 성공 경험을 정성껏 재고해보는 것만으로도 우리의 상념은 조금씩 긍정으로 바뀐다.

성공의 경험과 관련한
음악은 무의식 세계를 정화한다

이렇게 성공의 경험을 정리할 때 한 가지 중요한 것이 있다. 바로 '생각하는' 것이 아니라 '느끼는' 것이다. 어떤 성공 경험을 떠올릴 때는 그때 느낀 감각을 불러일으켜 그것을 반추해보아야 한다. 성공한 요인을 논리적으로 이것저것 생각하는 것이 아니라, 자연스럽게 그때 느낀 기쁘고 즐거웠던 감정을 떠올려야 한다. 가령 나도 고등학교 때 학교 축제에서 반 친구들과 카페를 열어 성황을 이룬 경험이 있는데, 지금도 학교 축제 사진을 보면 그때 느낀 고양된 기분이 되살아난다.

이렇게 과거 경험에 동반된 감각을 불러일으키는 것이 처음에는 약간 어렵게 느껴질지도 모른다. 하지만 익숙해지면 자연스럽게 감각이 되살아난다. 지식으로서의 기억은 비교적 간단히 잊히지만, 감각으로서의 기억은 몸이 기억하기 때문에 오랜 세월이 지나도 되살아난다.

여기서 내가 '생각하는' 것이 아니라 '느끼는' 것을 중요하게 여겨야 한다고 말하는 이유는 그것이 무의식에 영향을 주는 방법의 핵심이기 때문이다. 생각하는 행위는 "그건 좋았지" "그건 나빴어" "덕분에 성공했어" "그 탓에 실패했어" 같은 형태로 플러스 상념과 마이너스 상념 혹은 긍정적 상념과 부정적 상념을 분리하는 행위이기 때문에 성공 경험에 대해 생각하면 반드시 그와 반대되는 실패 경험이 마음에 떠올라 부정적 상념이 생긴다.

애초에 생각하는 행위는 논리(로고스)를 사용하는 행위이며, 논리란 대상을 절단하고 분할하는 활동이다. 그러므로 생각하는 행위는 반드시 진위, 선악, 미추, 달성과 좌절, 성공과 실패, 승리와 패배 같은 형태로 긍정적 상념과 부정적 상념의 분리를 낳는다. 참고로 스포츠 트레이닝 분야에서도 생각하는 것이 아니라 느끼는 것을 중시하는 방법을 종종 쓴다. 골프 퍼팅 트레이닝 비디오를 보다보면 프로 골퍼의 퍼팅이 훌륭하게 성공한 장면을 기분 좋은 배경음악(BGM)과 함께 몇 번씩 거듭해서 보여줄 때가 있다. 이것은 말이나 논리가 아니라 영상과 음악으로 오로지 '성공한 감각'을 무의식에 새겨넣는 방법인데, 나름대로 효과가 있어서 인기가 있다.

이렇듯 과거의 성공 경험을 떠올리며 당시의 기쁘거나 즐거웠던 감정을 불러일으키면 '나에게 대단한 성공 경험은 없다'는 부정적 상념을 조금씩 없앨 수 있는데, 이 방법을 쓸 때 함께하면 좋은 또 하나의 방법은 음악의 힘을 활용하는 것이다. 우리 인생에서 음악은 경험과 함께 기억되어 오랜 세월이 지나도 그 곡을 들으면 그때의 경험과 감각이 선명하게 되살아나기 때문이다. 가령 슬픈 일이 있었을 때 듣던 곡을 다시 들으면 슬펐던 당시의 기분이 되살아난다. 또 행복한 기분일 때 들었던 곡을 다시 들으면 당시의 행복했던 감정이 되살아난다.

앞에서 나는 고등학교에 다닐 때 학교 축제에서 카페를 운영하여 많은 손님을 모았다는 소소한 성공 경험담을 말했는데, 이때 카페 배경음악으로 비틀즈의 노래를 틀었다. 그래서 지금도 그 곡을 들으면 당시의 즐거웠던 기분이 되살아난다. 게다가 실제 인생 경험뿐 아니라 영화에 등장하는 주인공의 경험과 그 영상에서 함께 흘러나온 음악 또한 무의식에 각인되는 효과가 있다.

전형적인 사례 중 하나가 영화 〈록키〉일 것이다. 1976년 아카데미 시상식에서 작품상을 받은 이 영화에는 가난한 밑바닥 생활을 하던 저잣거리의 무명 복서 록키가 유명 챔피언 아폴로에게 도전하기 위해 혹독한 훈련을 하며 거리를 달리는 장면이 나온다. 이 장면에서 흘러나오는 록키의 테마곡을 누구나 한 번쯤 들어봤을 것이다. 그리고 이 영화를 본 사람이라면 가장 고양되는 장면에서 흘러나온 록키의 테마곡을 들을 때마다 늘 그 고양감이 되살아날 것이다.

이렇듯 음악에는 그 곡을 들었을 때 느꼈던 기쁨과 즐거움, 고양감과 행복감을 무의식 세계에 각인시키는 힘이 있다. 그렇기에 음악의 힘을 활용하면 마음에서 부정적 상념을 없애고 마음을 긍정적 상념으로 채우는 '무의식의 정화 방법'을 쓸 수 있다.

들으면 마음이 긍정적으로 바뀌면서 마음속 깊은 곳에서 고양감과 전능감이 솟구치게 하는 곡이 내게도 있다. 40대 초반에 싱크탱크를 세웠을 때 늘 듣던 곡이다. 그 곡은 지금 들어도 당시에 느꼈던 고양감이나 '세계에 이제껏 없던 싱크탱크를 세우겠다' '앞으로 뭔가 멋진 일이 시작될 거야'라는 지난날의 감각을 되살려준다.

당신에게도 이런 곡이 있지 않은가? 실은 많은 사람이 이 같은 고양감이나 행복의 경험을 느끼기 위해서 무의식적으로 음악을 사용한다. 의식적으로 이 방법을 이용해보기를 적극 제안한다. 원래 음악은 그 자체에 치유하고 정화하는 힘이 있지만, 음악의 힘이 성공 경험에서 느낀 고양감이나 행복과 결합하면 더 큰 치유와 정화의 힘을 발휘한다. 어쨌든 해석의 첫 번째 단계는 내 인생에는 내가 생각하는 것보다 더 많은 성공 경험이 있음을 깨닫고, 그 성공 경험을 하나하나 정리하며 그때 느낀 긍정적 감각을 불러일으키는 것이다.

이렇게 말하면 당신은 혹 '그런 사소한 일로는 내 마음에 있는 거대한 좌절감이나 열등감이 바뀌지 않아……'라고 생각할지도 모른다. 하지만 이 방법의 가장 중요한 목적은 '자신의 인생을 사랑하는 것'이다. 누구에게나 소중한 단 한 번뿐인 인생이다. 아무리 작은 성공이라 할지라도 인생의 빛나는 한순간을 사랑한다면, 그 감정 자체로 마음속에 긍정적 상념이 퍼진다. 그러니 당신 인생의 빛나는 한순간을 소중히 여기기 바란다.

그렇다면 해석의 두 번째 단계는 무엇일까?

당신은 자신이 강한 운을 가진 사실을 알고 있는가

바로 이것이다. 내가 운이 강한 사람임을 깨닫는다. 왜 이것이 중요할까? 운과 관련해 옛날부터 전해오는 말이 하나 있다.

  강한 운을 가진 사람이란 '나는 강한 운을 가졌다'고 믿는 사람이다.

  확실히 성공하였다고 여겨지는 이들은 말로 하지는 않지만 누구나 '나는 강한 운을 가졌다'라고 생각한다. 뿐만 아니라 '나는 운이 강하다'라는 긍정적 상념이 무의식 세계에 새겨져 있다. 이 사람들이 성공했기 때문에 '나는 운이 강하다'라는 상념을 가지고 있는 것은 아니다. 반대로 '나는 운이 강하다'라는 상념을 가지고 있기 때문에 성공을 끌어당겼다고 하는 편이 오히려 진실에 가깝다.

  반면 안타깝게도 무의식 세계에 '나는 그렇게 운이 강한 편이 아니야……'라는 자기 한정적 상념이나 부정적 상념을 품고 사는 사람이 적지 않다. 하지만 사실 이러한 상념 자체가 좋은 운을 쫓아낸다. 그렇다면 이 부정적 상념을 '나는 운이 강하다'라는 긍정적 상념으로 바꾸기 위해서는 어떻게 해야 할까? 인생에서 뭔가 극적으로 강한 운을 경험하는 것이

필요할까? 극한 상황에서 강한 운을 끌어당긴 경험이 필요
할까?

그렇지 않다. 이를 위해서는 역시 자신의 과거 인생을 돌
이켜봐야 한다. 그리고 상기해야 한다. 내가 행운의 인도를
받은 경험을. 왜냐하면 실은 누구 인생에나 행운의 인도를
받은 경험이 몇 번이나 있기 때문이다. 예를 들어 당신은 인
생에서 이렇게 생각되는 경험을 한 적이 있지 않은가?

"그 사람과 우연히 만나서 인생이 열렸다."
"그 사건이 일어난 덕분에 길이 열렸다."

행운은 불운한 사건의 모습으로 찾아온다

물론 내게도 비슷한 경험이 여러 번 있다. 나는 스물아홉 살
에 대학원을 수료하고 박사학위를 받았다. 그리고 당연히 대
학에 남아 연구를 계속하길 희망했다. 하지만 그 바람은 이
루어지지 않았고, 바라지도 않던 민간 기업에 취직했다. 그
것도 전혀 분야가 다른 법인 영업의 세계로 내던져졌다. 하
지만 그 직장에서 우연히 만난 A과장은 영업의 달인이었다.
그 과장 밑에서 9년 동안 일하면서 다양한 현장 경험을 통해

비즈니스를 배운 덕분에 지금의 내가 있다.

또 나는 그 기업에서 해외 유학생으로 선발된 데다 주위에서 권하기도 해서 미국에 있는 비즈니스스쿨에 유학할 생각이었다. 하지만 유학을 위해 치러야 할 무척 중요한 시험이 있었는데, 마침 그 시기에 거래처 기업에서 해외 출장에 동행해달라는 요청을 해왔다. 요청을 몇 번 거절했지만 상대가 워낙 간곡히 부탁하여 결국 시험을 포기하고 해외 출장에 동행할 수밖에 없었다. 그런데 그 해외 출장에서 마지막으로 방문한 곳이 미국의 국립 연구소를 운영하는 세계적인 싱크탱크였다. 그리고 어떤 인연에 이끌리듯 그 미국 싱크탱크에서 일한 것이 오늘날 내 경력을 개척해주었다.

내게는 이런 경험이 여러 번 있다. 이렇게 돌아보면 언뜻 불운한 사건으로 보이는 일들, 연구자로 대학에 남지 못했던 일이나 해외 유학을 위한 시험을 포기할 수밖에 없었던 일이 실은 행운의 사건이 되어서 현재 내 경력을 개척해주었고 인생을 열어주었음을 깨닫는다.

당신에게도 비슷한 경험이 있지 않을까? 이렇게 '그 사람과 우연히 만나서 인생이 열렸다' '그 사건이 일어난 덕분에 길이 열렸다'라는 행운의 인도를 받은 경험이 누구의 인생에나 있지 않은가. 다만 내 경험에서도 그렇듯 여기에 인생의 신기한 측면이 있다. '행운의 인도'를 받을 때 그것은 종종 불운한 사건으로 찾아온다. 바로 이것이다. 그러므로 자신이 운이 강한 사람임을 깨닫기 위해서는 인생을 돌이켜보면서 불운해 보이는 사건이 실은 행운의 인도를 받은 사건이었다는 역설을 깨달을 필요가 있다.

이런 역설을 이해한 뒤에 인생을 돌아보면 '나는 그렇게 운이 좋은 편이 아니야……'라는 자기 한정적 상념이나 부정적 상념을 품을 필요가 절대 없음을 깨달을 것이다. 실제로 인생을 깊이 응시해보면 어느 누구의 인생에나 행운으로 인도된 많은 경험이 있다. 문제는 그것을 깨닫느냐 깨닫지 못하느냐의 차이이다. 한번 그 사실을 깨닫고 나면 우리 마음속에 있는 '나에게는 운이 따르지 않아' '나는 운이 좋지 않아' 같은 부정적 상념이 어둠 속에 빛이 비치듯 사라진다.

하지만 이를 위해서는 또 하나 중요한 시점 전환이 필요하다. 이 시점 전환을 할 수 있다면 해석의 세 번째 단계로 나아갈 수 있다.

인생에 대한 해석력이 좋은 운을 끌어당긴다

"행운으로 보이는 일이 일어났을 때만 운이 좋은 것이 아니다. 불운해 보이는 일이 일어났을 때도 운이 좋다는 것을 깨달아야 한다."

이렇게 말하면 당신은 조금 당황할지도 모르겠다. 여기서 한 가지 상징적 사례를 소개하겠다. 실제로 있었던 일이다. 어떤 사람이 해외 출장 중에 자동차를 운전하다가 순간적인 실수로 큰 사고를 일으켜 병원에 실려갔다. 큰 수술을 받고 목숨은 건졌지만 결국 왼발을 절단하게 되었다. 마취에서 깨어나 현실을 안 그는 순간적인 부주의로 인생을 망쳤다고 생각해서 비탄의 늪에 빠졌다. 하지만 사고를 당했다는 소식을 듣고 일본에서 날아온 그 사람의 부인은 병실에 들어오자마자 남편을 끌어안으며 뭐라고 했을까?

"여보, 다행이야! 목숨은 건졌잖아! 오른발은 남았어!"

이 에피소드가 우리에게 가르쳐주는 중요한 인생의 진실이 있다.

'무슨 일이 일어났는가가 우리 인생을 가르는 것이 아니다. 일어난 일을 어떻게 해석하는가가 우리 인생을 가른다.'

확실히 그렇다. 우리는 역경이 우리 인생을 크게 변화시킨다고 생각한다. 하지만 사실은 그렇지 않다. **역경을 어떻게 해석할 것인가? 실은 이것이 우리 인생을 크게 변화시킨다.**

이 점을 이해한다면 불운해 보이는 사건이 일어났을 때에도 그 사건의 좋은 부분이나 긍정적인 측면을 바라보며 '나는 운이 좋았어' '나는 운이 강해'라고 생각할 수 있는 힘 즉, 인생에 대한 해석력이 바로 운을 끌어당기는 힘이 되어줄 것이다. 해석력이야말로 부정적 경험을 긍정적 경험으로 바꾸어 마음속 부정적 상념을 긍정적 상념으로 바꾸는 힘이기 때문이다.

감사하는 마음이 최고의 해석력을 끌어낸다

'오른발은 남았어!' 에피소드를 들으면 당신은 '컵에 든 물 비유'를 떠올릴지도 모르겠다. 컵에 물이 반쯤 들었을 때 '이제 반밖에 없네'라고 비관적으로 생각하느냐, '아직 반이나 있네'라고 낙관적으로 생각하느냐의 차이 즉 받아들이는 방식의 차이에 대한 비유이다. 하지만 '컵에 든 물 비유'와 '오른발은 남았어!'라는 말은 전혀 다르다. 무엇보다 절실함이라는 점에서 결정적으로 다르다. 하나는 단순한 비유이고, 다른 하나는 한 인간의 인생이 걸린 장면에서 나온 말이다. 이 둘은 전혀 다른 말이다. '컵에 든 물 비유'와 '오른발은 남았어!'라는 말에는 또 하나 근본적으로 다른 점이 있다. 바로 바탕에 있는 '감사하는 마음'이다. 이것이 결정적으로 다르다. '오른발은 남았어!'라는 말의 바탕에는 일종의 각오라 부를 만한 인생관이 있다. 삶에서 주어지지 않은 것에 대한 불만의 마음이 아니라 주어진 것에 대해 깊이 감사하는 마음, 이런 감사의 마음으로 뒷받침된 인생관이다. 사실 역경에서 해석력을 발휘할 수 있는 사람과, 발휘할 수 없는 사람의 차이는 다름 아닌 자신에게 주어진 인생에 감사하는 마음의 차이이다.

실패한 경험이 실은 성공의 경험이다

이렇게 보면 과거에 겪은 부정적 경험이 결코 부정적 경험이 아니라는 점을 명확히 하기 위한 해석의 세 번째 단계가 분명해진다. 과거의 실패 경험을 돌아보고 그것이 실은 성공 경험이었음을 깨닫는 것이다. 과거의 실패 경험을 돌이켜보며 잃어버린 것과 얻지 못한 것만을 생각하는 한 그 실패 경험은 부정적 경험으로 남는다. 하지만 어떤 실패 경험에도 반드시 잃어버리지 않은 것이 있고 얻은 것도 있다. 우리 인생은 실패 경험에서도 잃어버리지 않은 것과 실패로 인해 얻은 것에 눈을 돌릴 수 있느냐 없느냐에서 갈림길에 선다.

물론 이것은 결코 쉽진 않다. 간단히 할 수 있는 일도 아니다. 당신도 지금 이렇게 생각했을지 모른다. 하지만 만약 자신의 인생을 정말 사랑한다면, 어떤 실패 경험의 어두운 그림자가 드리우더라도 빛나는 부분을 바라볼 수 있다. 잃어버리지 않은 것이나 얻은 것에 눈을 돌릴 수 있다.

어떤 실패나 좌절을 겪은 인생이든 그래도 그것이 당신에게는 한 번뿐인 인생이기 때문이다. 무엇과도 바꿀 수 없는 인생, 다른 누구의 것도 아닌 당신의 인생. 그러므로 이 한 번뿐인 인생, 무엇과도 바꿀 수 없는 인생을 실패와 좌절까지 포함해서 사랑하기 바란다. 빛이 있는 부분을 바라보며 자비롭게 끌어안듯 사랑하기 바란다.

내 인생을 사랑한다.

만약 이렇게 할 수만 있다면 우리는 말 그대로 강한 운을 끌어당길 수 있다. 신기할 정도로 좋은 운을 끌어당기게 된다. 그렇다면 어떤 실패 경험에서도 잃어버리지 않은 것이나 얻은 것을 주시하는 긍정적인 해석력은 어떻게 익힐 수 있을까?

이를 가르쳐줄 에피소드를 하나 소개하겠다.

불운해 보이는 사건의 의미가
플러스로 전환되는 순간

스모 계에서 있었던 에피소드이다. 예전에 한 오제키(大関, 스모 등급의 하나로 최고위인 요코즈나 다음이다. – 옮긴이)가 한참 전성기 때 다리에 부상을 입어 오랫동안 경기를 할 수 없었다. 이후 그는 스모 협회 임원이 되었는데, 한 잡지와 나눈 인터뷰에서 부상을 당하여 쉬는 동안 기분이 어땠느냐는 질문을 받았다. 그 남자는 고난의 날들을 돌아보며 이렇게 말했다.

"그 시절 저는 잘나가는 데 자만하고 있었습니다. 그래서 당시 큰 좌절을 겪었습니다. 그렇지만 부상 덕분에 소중한 것을 배웠습니다."

오제키의 이 말은 인생에서 불운해 보이는 사건이나 괴로운 실패를 겪게 되더라도 '얻은 것'을 바라보기 위한 중요한 관점을 제시하고 있다. 바로 '성장'이라는 관점이다.

어떤 역경과 좌절이 주어지더라도 우리는 그 역경과 좌절을 양식 삼아 성장할 수 있다. 그리고 성장을 거머쥘 수만 있다면 아무리 불운해 보이는 사건이나 괴로운 실패 경험이라 할지라도 이를 단지 부정적인 경험으로 끝내지 않고 반드시 멋지고 긍정적인 경험으로 바꿔나갈 수 있다.

은퇴한 스모 선수의 발언은 '성장'이라는 관점의 중요성을 훌륭히 보여준다. 그는 오제키 시절에 겪은 좌절을 단순히 불운한 사건으로 생각하지 않고, 그 의미를 깊이 받아들여 긍정적으로 해석하는 힘 즉 '해석력'을 발휘했다. 그리고 '이 좌절이 내게 무엇을 가르쳐주려 하는가?'를 생각하여 그것을 자신이 정신적으로 성장하는 동력으로 삼았다. 그렇기에 그는 오제키 시절의 다리 부상으로 인한 장기 휴식에서 복귀하여 다시금 스모 계에서 활약할 수 있었다. 이 임원의 자세에서 배운다면 우리 또한 인생에서 불운해 보이는 사건이 벌어졌을 때 그 의미를 깊이 생각하고 긍정적인 해석력을 발휘하여 성장의 관점에서 이렇게 자문할 수 있을 것이다.

'이 사건은 내게 무엇을 깨닫게 할까?'
'이 사건은 내게 무엇을 배우도록 하는가?'
'이 사건은 내게 어떤 성장을 요구하는가?'

인생에서 어떤 불운해 보이는 사건이 일어나더라도 이런 물음을 가슴에 품고 그 사건을 성장의 양식으로 삼을 수 있다면 불운해 보이는 사건 또한 실은 행운의 사건임을 깨달을 수 있다. 이는 인생에서 불운해 보이는 사건의 의미가 정반대 의미인 행운으로 전환되는 멋진 순간이기도 하다.

당신은 마음속으로 이렇게 생각할지 모른다. '말은 그렇다

고 하지만 역시 역경은 별로 맛보고 싶지 않아……' 물론 역
경을 반길 사람은 아무도 없다. 나도 마찬가지이다. 하지만
과거를 돌아보며 질문을 하나 던져보기 바란다.

'당신은 언제 성장했는가?'

결코 순조로운 나날이나 행운이 이어지던 날은 아니지 않
을까? 밤에 잠도 들지 못하던 역경 속의 날들, 한숨이 나오던
나날, 위가 아파오던 날이 아니었을까? 고생스럽던 날들 속
에서 악전고투하며 앞으로 나아갈 때 어느새 당신은 성장해
있지 않을까?

그렇지만 우리는 과거의 어떤 불운해 보이는 사건이라도
자신의 성장에 연결지어 행운의 사건으로 바꿀 수 있다. 그
리고 과거의 어떤 실패 경험도 자신의 성장을 위한 양식으로
삼아 성공의 경험으로 해석할 수 있다.

1장에서 성공한 사람은 자서전이나 회고록에서 인생을 돌
이켜보며 '우연히' '어쩌다가' '뜻하지 않게' '때마침' '운 좋
게' 같은 단어를 가장 많이 쓴다고 밝혔다. 하지만 이 성공한
사람들이 단지 행운만으로 인생을 개척하진 않았다. 그들은
인생에 주어진 불운해 보이는 사건 속에서도 성장을 위한 양
식을 발견하고 걸어갔다. 그러면서 불운해 보이는 사건을 행

운의 사건으로 바꿔나갔다.

그들이 이야기하는 '우연히' '어쩌다가' '뜻하지 않게' '때마침' '운 좋게' 같은 말만 듣고 그들이 단지 행운이나 요행의 축복을 받은 사람들이라고 생각해서는 안 된다. 그 이면에는 그들의 '인생에 대한 해석력'과 '성장하려는 욕구'가 있었음을 배워야 한다.

내게 주어진 운 좋은 인생에 감사한다

이렇듯 과거의 실패 경험이 실은 성공 경험이었음을 깨닫고, 불운해 보이는 사건이 실은 행운의 사건이었음을 깨닫는다면 해석의 네 번째 단계로 넘어갈 수 있다. 그것은 '내게 주어진 운 좋은 인생에 감사함'이다.

바꿔 말하면 하늘의 뜻이나 위대한 무언가의 인도에 감사하는 것이다. 물론 우리 인생에 '하늘'이나 '위대한 무언가'라 불리는 것이 존재하는지는 확실하지 않다. 2장에서 설명한 '제로 포인트 필드'라는 가설 역시 현시점에서 과학으로 검증되진 않았다. 하지만 그것이 존재하느냐 아니냐와는 별개로 '감사하는 자세'가 매우 중요하다.

왜일까? 자력의 함정에 빠지지 않기 위해서이다. 자력의 함정이란 '내 힘으로 인생을 개척했어'라는 의식을 말한다. 그렇다면 이것은 왜 함정일까? 과도한 자력 의식은 무의식 세계에 부정적 상념을 낳기 때문이다. 자력 의식이 강하면 설사 무언가에 성공할지라도 '내가 자력으로 해냈어'라는 의식 이면에 반드시 '다음에는 잘될까?' '내 힘도 여기까지가 아닐까?'라는 불안이나 공포가 싹트기 마련이다.

반면 무언가에 성공하거나 어떤 일을 해냈을 때 그것이 '하늘의 뜻'이나 '위대한 무언가의 인도' 덕분이라는 겸손한 감사의 상념을 가지면, 이 상념이 무의식 세계에 '하늘이 인도해주고 있다' '위대한 무언가가 이끌어주고 있다'라는 깊은 안도감을 만든다.

자력 의식이 강하면 표면 의식 세계에는 긍정적 상념이 있더라도 무의식 세계에는 불안이나 공포 같은 부정적 상념이 생긴다. 반면 '하늘의 뜻'이나 '위대한 무언가의 인도'에 겸손하게 감사하는 자세는 이런 부정적 상념을 낳지 않고 무의식 세계를 긍정적 상념으로 채운다.

이 사실을 이해한다면 왜 무슨 일에 성공하거나 어떤 일을 해냈을 때 '덕분입니다'라는 말이 왜 중요한지, 또 감사 인사를 받을 때 '피차일반이지요'라는 말이 왜 중요한지 알 수 있다. 이는 단순히 예의를 지키기 위해서 하는 말이 아니다. 또 단순히 인간관계를 원만하게 만들기 위한 말도 아니다.

'덕분입니다'나 '피차일반이지요' 같은 말 속에 있는 '위대한 무언가가 인도해주고 있다' '많은 사람들이 받쳐주고 있다'는 감사의 상념은 실은 우리가 가질 수 있는 상념 가운데 가장 긍정적 상념이기 때문이다. 어떤 의미에서 이런 말들은 무의식 세계를 긍정적 상념으로 채우기 위해 오래전부터 전해 내려오는 지혜라고도 할 수 있다.

인생에서 힘이 되어준 사람에게 감사하는 상념, 그 사람들과 만날 수 있게 이끌어준 위대한 무언가에 감사하는 상념은 '감사는 모든 것을 치유한다'라는 말처럼 우리 마음속에 있는 불안이나 공포 같은 부정적인 상념을 없애준다. 해석의 네 번째 단계인 '내게 주어진 운 좋은 인생에 감사한다'라는 말의 의미는 바로 여기에 있다.

누구에게나 궁극의 성공 경험이 있다

그렇다면 과거의 부정적 경험에서 생겨난 부정적 상념을 없애기 위한 해석의 다섯 번째 단계란 무엇일까?

내 인생에 주어진 궁극의 성공 경험을 깨닫는 것이다. 궁극의 성공 경험이란 무엇일까?

이렇게 '살아 있음'은 고마운 일이다. 이 사실을 깨닫는 것이다. 하지만 이렇게 말해도 아직은 그 의미를 파악하기 힘들지도 모르겠다. 이제까지 살아오며 당신과 같은 세대인 친구나 지인, 당신보다 젊은 친구나 지인 중에 이미 세상을 떠난 사람이 없는가? 병이 원인일 수도 있고, 사고가 원인일 수도 있다. 어쨌든 젊은 나이에 인생을 마감한 친구나 지인이 있다면 그 사람을 떠올려보기 바란다.

내게도 이런 친구와 지인이 있다. 대학 시절에 같은 공학부, 같은 학과에서 함께 공부하던 한 친구는 부러울 정도로 머리가 좋은 데다 농구부 주장이기도 했다. 그는 30대 초 젊은 나이에 암에 걸려 일찍 죽고 말았다. 유족의 말로는 투병 생활을 괴로워했다고 한다.

또 중학교, 고등학교, 대학교를 함께 나온 한 친구가 있다. 고등학교 때는 같은 반이어서 종종 함께 놀기도 했던 그 친구는 학업 성적이 우수했을 뿐 아니라 꿈도 컸다. 대학에서 법학부를 졸업하고 국가 공무원 시험에 합격하여 내각관방에서 일했지만 곧 퇴직하고 대학원에서 석사학위를 받은 동시에 사법시험에도 합격했다. 이뿐만 아니라 유럽에서 변호사 자격증을 따서 국제 변호사로 활약하며 언젠가 정치가가 되겠다는 목표도 있었다. 하지만 40대 젊은 나이에 갑자기 뇌졸중으로 쓰러져 세상을 떠났다.

이렇게 쓰기만 해도 두 친구를 생각하면 말로 표현할 수 없는 감정이 솟지만, 나는 그들의 영정 앞에서 했던 맹세를 떠올린다. '내게 주어진 인생을 이 친구 몫까지 있는 힘껏 살아가자.' 나는 이렇게 맹세했다. 그리고 68살이 넘은 지금, 내게는 이렇게 긴 인생이 주어졌고, 이렇게 살아올 수 있었다는 사실에 감사함을 느낀다. 당신 주위에 이 같은 친구나 지인이 없는가? 만약 있다면 깨닫기 바란다.

이렇게 '살아 있음'이 고마운 일이다.

이 사실을 깨닫기 바란다. 확실히 우리 삶에는 갖가지 고생이나 곤경, 실패나 패배, 좌절이나 상실, 병이나 사고가 있다. 때로는 삶에서 달아나고 싶을 정도로 괴로운 일을 겪기도 한다. 하지만 그래도 살아 있는 한 우리는 역경을 바탕으로 성장하고 전진하여 인생을 빛낼 수 있다. 목숨이 붙어 있는 한 인생의 그림자를 빛으로 바꿔나갈 수 있다.

인생에서 무슨 일이 생기든 '살아 있다'는 것만으로도 감사하다. 그렇지 않은가?

이 시대에 태어났다는 고마움

나는 젊었을 때 한 중소기업 경영자와 인연이 닿아 가끔 그 회사 경영회의에 참석하곤 했다. 그 경영자는 태평양전쟁에 참전해 많은 동료가 무참히 죽어나가는 것을 지켜보았다. 하지만 그는 극한의 상황에서 살아남아 돌아왔다.

어느 날 그 회사와 거래처 사이에 심각한 문제가 생겼다. 그날 경영회의 분위기는 '회사가 없어지는 것 아닌가' 할 정도였고, 임원들까지 얼굴이 창백해져 있었다. 보고를 들은 이 경영자는 마른침을 삼키며 판단을 기다리는 임원들을 둘러보더니 이렇게 말했다.

"아아, 큰일이 생겼군! 자칫하면 회사가 날아가겠어. 하지만 이 말부터 먼저 하지. '목숨을 잃을 일은 아니잖아!'"

이 한 마디에 얼굴이 새파랗게 질린 채 앉아 있던 임원들도 순간 무언가를 깨달았다. 그들은 모두 안도했다. 경영자의 혼이 담긴, 마음을 울리는 한마디 덕분이었다. 확실히 그렇다. 이 경영자의 말은 옳다. 과연 전쟁 중에 생사의 고비를 넘어온 인물답다. 전쟁의 비참함이나 생사가 달린 극한 상황에서 보면, 요즘 시대에 경영을 하거나 일을 하면서 직면하는 고생이나 곤경이 아무리 큰일이라 해봤자 어느 정도이겠는가! 어디로 구르든 목숨을 잃을 일은 없다. 그리고 요즘 일본에서는 굶어죽는 일도 없다. 하지만 같은 일본에서도 74년도 더 전에는 전 국민이 '죽느냐 사느냐' 하였다. 그리고 실제로 310만 명이 넘는 국민이 굶어죽었다. 이 사실을 생각하면 오늘날 태어난 것이 얼마나 큰 행운인가? 얼마나 고마운 일인가?

반면 지금도 지구상에는 전쟁이나 테러로 목숨을 잃는 사람이 많다. 가난해서 기아나 병으로 고통받는 사람들도 무수히 많다. 과거 일본 역사나 오늘날 세계 상황을 직시한다면, 우리가 이 시대에 부유한 나라에서 태어났다는 축복받은 환경의 고마움을 알 수 있다. 물론 우리나라도 빈부의 차가 극심하고, 타고난 인생의 조건에도 차이가 있다.

나는 이를 긍정하진 않는다. 아니, 오히려 이런 상황을 바꾸고 싶다. 하지만 우리 마음속의 긍정적 상념이라는 측면에서 본다면, 현대를 살아가는 우리는 무엇보다 이런 축복받은 환경에 고마움을 가져야 한다.

축복받은 환경과 그에 대한 고마움을 알 때 마음속에 긍정적이고 감사하는 상념이 생긴다. 그것이 비추는 빛으로 인생에서 얻을 수 없었던 것이나 주어지지 않은 것, 잃어버린 것에 대한 부정적 상념의 그림자도 자연스럽게 사라지지 않을까?

살아 있음의 기적을 안다

우리가 이해해야만 하는 것이 더 있다. 바로 인생의 '세 가지 진실'이다.

사람은 반드시 죽는다.
인생은 한 번뿐이다.
사람은 언제 죽을지 모른다.

이것은 누구도 부정할 수 없는 진실인데, 그중에서도 특히 '사람은 언제 죽을지 모른다'라는 세 번째 진실을 직시해야 한다. 아무리 건강에 유의하고 사고를 조심해도 죽음은 갑작스레 찾아올 수 있다. 그렇다면 우리 모두는 언제 끝날지 모를 인생을 살고 있다.

이 점을 이해한다면 '오늘'이라는 하루가 주어져서 살아가고 있다는 것, 그 기적 같은 생명의 고마움을 알아야 한다. 돌이켜보면 내 친구 둘은 30대와 40대 젊은 나이에 세상을 떠났다. 갑작스런 일이었다. 결코 남의 일이 아니다. 내게도 찾아올지 모르는 사건이다.

그러므로 우리 인생에서 설령 무슨 일이 일어나더라도 '살아 있다'는 것만으로도 감사하자. 이 점을 깨달을 때 마음속 깊은 곳에는 주어진 인생을 무조건 긍정하는 가장 근원적인 감사의 상념이 생긴다. 그리고 이런 근원적인 감사의 상념을 마음에 품을 때 우리는 좋은 운을 끌어당긴다. 아니, 이 감사의 상념 속에서 좋은 운이나 나쁜 운 같은 분리도 사라지고 인생이 그저 조용히 빛나기 시작한다.

6

궁극의 긍정적인 인생관을
체득하는 방법

이 책의 마지막 주제인 무의식 세계를 바꾸어 좋은 운을 끌어당기기 위한 세 번째 방법은 다음과 같다.

궁극의 긍정적인 인생관을 체득하는 방법이다.

이것은 부정적으로 보이는 사건이나 만남도 모두 무조건 전적으로 긍정함으로써 무의식 세계를 '궁극의 긍정적 상념'으로 채우는 방법이다. 이 방법은 모든 사건이나 만남을 무조건 전적으로 긍정하기 때문에 애초에 마음속에서 긍정적 상념과 부정적 상념이 분리되지 않는다. 따라서 무의식 세계를 정화하는 궁극의 방법이라고도 할 수 있다.

이것은 어떻게 해야 할까? 바로 다음 다섯 가지 각오를 지닌 인생관을 체득한다. 이 다섯 가지 각오를 순서대로 하나 하나 다져보자.

첫 번째 각오, 위대한 무언가가 내 인생을 인도한다고 믿는다.

두 번째 각오, 삶에서 일어나는 모든 일에는 깊은 의미가 있다고 생각한다.

세 번째 각오, 인생의 모든 문제는 내게 원인이 있다고 받아들인다.

네 번째 각오, 위대한 무언가가 나를 성장시킨다고 해석한다.

다섯 번째 각오, 역경을 극복하는 지혜는 전부 주어진다고 마음을 다잡는다.

물론 이 다섯 가지 각오를 갖기가 그리 쉬운 일은 아니지만, 자신의 인생을 정면으로 마주한다면 누구나 손에 넣을 수 있다. 일단 이런 각오를 다지면 신기하게도 부정적 상념이 사라지고 마음속이 긍정적 상념으로 채워져 그 결과 긍정적인 사건이나 만남을 끌어당기게 된다.

이제부터 한 가지씩 설명하겠다.

위대한 무언가가 내 인생을 인도한다고 믿는다

우선 첫 번째 각오는 '위대한 무언가가 내 인생을 인도한다고 믿는 것'이다. 이렇게 말하면 당신은 놀랄지 모른다. 하지만 사실 성공했다고 여겨지는 뛰어난 선인들은 저마다 걸어온 길은 달라도 누구나 공통적으로 이런 감각을 가슴에 품고 있다. 누구나 '위대한 무언가가 내 인생을 인도한다'는 감각을 마음속 깊이 품고 있다. 이들이 종종 사용하는 '천명' '하늘의 목소리' '하늘의 인도' '하늘의 뜻' 같은 말로 알 수 있다.

이는 때때로 '위대한 무언가의 인도로' 혹은 '위대한 무언가의 목소리에 이끌려서'라고 표현되기도 한다. 하지만 '하늘'이나 '위대한 무언가'가 인도하는 것은 결코 뛰어난 선인들만이 아니다. 실은 누구나가 위대한 무언가에 인도를 받고 있다. 물론 이미 말했듯이 오늘날 첨단 과학으로도 '하늘'이나 '위대한 무언가'가 존재하는지 여부는 아직 증명되지 않았다. 하지만 몇천 년이나 되는 인류 역사 속에서 무수한 사람들이 신이나 부처, 하늘 같은 '위대한 무언가'의 존재를 믿는 것 또한 엄연한 사실이다.

2장에서 하나의 가설로 설명한 것이 사실이라면, 인류의 오랜 역사 속에서 신, 부처, 하늘, '위대한 무언가'라 불리는 것의 실체는 '집합적 무의식 세계'나 '초개인적 무의식 세계'

를 뛰어넘어 그보다 더 깊은 곳에 있는 '제로 포인트 필드'로 연결되는 '시공간을 뛰어넘은 무의식 세계'이다.

이는 옛날부터 많은 사람들이 믿어온 신, 부처, 하늘, '위대한 무언가'란 실은 하늘 저편의 천국이나 극락 혹은 천상 등에 존재하는 무언가가 아니라 우리 마음속 깊은 곳에 존재하는 것이며 가장 깊은 차원의 '우리 자신' 다시 말해 '참 자기True Self'라 불러야 할 존재임을 의미한다. '참 자기'는 이 우주의 과거, 현재, 미래의 모든 정보를 기록하고 인류의 모든 지혜를 기억한 '제로 포인트 필드'와 연결되어 있으며, 그런 정보와 지혜를 활용해 우리 인생을 인도한다고도 할 수 있다. 즉 우리 인생을 인도하는 '위대한 무언가'는 실은 다름아닌 우리 마음속 깊은 곳에 존재하는 심오한 최고의 지혜를 지닌 '우리 자신'이다. 이것이 현시점에서 내 생각이지만, 이 책에는 이런 생각을 깊이 설명할 지면이 없어 안타깝다.

이야기가 흥미로운 방향으로 확대되었는데, 이런 이론을 차치하더라도 우리 중 많은 사람들이 '위대한 무언가'의 존재를 느꼈던 경험이 있지 않을까? 가령 이제까지 살아온 인생을 조용한 마음으로 돌아보면 누구나 다음과 같은 생각을 한두 번쯤은 했을 것이다. '아아, 그 사람을 만나서 인생이 호전되었어.' '그 일이 있었기 때문에 나아갈 길이 보였지.' '그건 무언가의 인도였을까?'

이런 마음을 깊이 가지고 위대한 무언가가 내 인생을 인도한다는 각오를 다진 순간 인생의 풍경이 전혀 다르게 보인다. 그러면 마음속에 신기한 안도감이라 할 만한 긍정적 상념이 퍼져나간다. 그때 또 다른 각오가 생긴다.

삶에서 일어나는 모든 일에는
깊은 의미가 있다고 생각한다

바로 두 번째 각오, 삶에서 일어나는 일에는 모두 깊은 의미가 있다고 생각한다. 다시 말해 만약 우리가 '위대한 무언가가 내 인생을 인도한다'라는 각오를 다졌다면, 인생에서 어떤 만남이 주어지거나 어떤 사건이 일어났을 때 자연스럽게 다음과 같은 물음이 마음속에 떠오를 것이다.

'이것은 어떤 의미가 있어서 인도된 만남일까?'
'이것은 어떤 의미가 있어서 인도된 사건일까?'

의미를 느끼고 생각하기 위해서 중요한 것이 바로 5장에서 설명한 '해석력'이다. 해석력 중에서도 특히 중요한 것은 지금 직면한 역경의 의미를 해석하는 힘인데, 이는 곧 삶에서 고생이나 곤경, 실패나 패배, 좌절이나 상실, 병이나 사고 같은 일을 겪을 때 자기 자신에게 다음과 같은 물음을 던지는 힘이다.

'이 고생이 내게 무엇을 가르쳐주는가?'
'이 실패를 통해 나는 무엇을 배울 수 있는가?'
'이 좌절로 나는 무엇을 얻을 수 있는가?'
'이 병을 통해 나는 무엇을 깨닫게 될까?'

5장에서 이야기한 전성기 때 다리 부상으로 쉴 수밖에 없었던 스모 선수가 발휘한 해석력도 이런 의미에서 볼 수 있다.

우리는 어떤 역경에 직면하더라도 '위대한 무언가가 내 인생을 인도한다'라는 각오를 가지고 해석력을 발휘하면 그 역경을 '인생에서 일어나는 모든 일에는 깊은 의미가 있다'고 긍정적으로 받아들일 수 있다. 이렇게 받아들이면 자연스럽게 역경에 대한 불안이나 공포 같은 마음속 부정적 상념이 사라지고 마음이 긍정적으로 바뀌어 좋은 운을 끌어당길 수 있다.

하지만 이를 위해서는 세 번째 각오를 다져야 한다.

인생의 모든 문제는 내게 원인이 있다고 받아들인다

세 번째 각오는 '인생의 모든 문제는 내게 원인이 있다고 받아들이는 것'이다. 하지만 이렇게 말하면 당신은 의심할지도 모른다.

"내게 원인이 있다고 생각하면 나 자신을 책망하는 마음이 생겨나서 오히려 마음 세계에 부정적 상념이 생기지 않을까?"

그렇지 않다. 여기서 '내게 원인이 있다'는 각오를 다지는 이유는 자기 자신을 책망하기 위해서가 아니다. 원인을 찾아 더 성장하기 위해서이며, 마음속에는 '내게 원인이 있다고 받아들임으로써 내 성장 과제를 깨달아 더 크게 성장할 수 있다'는 긍정적 상념이 생긴다. 반대로 인생에서 주어진 문제에 대해 내가 아닌 다른 누군가에게 원인이 있다고 생각하는 '남 탓 자세'는 마음 세계에 그 누군가에 대한 비판이나 비난, 불만이나 분노, 혐오나 증오 같은 부정적 상념을 낳는다.

이렇게 '내게 원인이 있다'고 문제를 인식하는 것을 카운슬링(심리요법) 세계에서는 대단히 중요한 마음 자세로 보며, 이를 '수용'이라고 부른다. 마음에 무거운 문제를 안고 있는 상담자가 카운슬링을 통해 문제 해결이나 치유로 향할 때, 많은 경우 자발적으로 이런 '수용' 자세로의 전환이 일어난다.

　가령 여태까지 아버지의 인간성을 감정적으로 비난하며 줄곧 아버지에 대한 혐오나 증오의 감정을 토로하던 클라이언트가 카운슬링이 진행되어 마음이 치유되자 자연스럽게 "내게도 문제가 있었어……" "아버지도 괴롭지 않았을까?" 같은 말을 하기 시작할 때가 있다. 이렇듯 마음의 문제를 안고 있는 클라이언트를 카운슬링할 때 '수용' 자세로 전환하는 것은 큰 의미가 있다. 인간관계에서 상당히 관계가 틀어진 경우에도 '내게 원인이 있었다'고 받아들이며 '수용' 자세로 전환하기만 해도 신기할 정도로 관계가 좋은 방향으로 나아가며 문제가 해결되는 일이 생긴다. 하지만 당신은 이렇게 생각할지도 모르겠다.

　'수용의 의미는 알겠는데, 현실 문제를 앞에 두고 내게 원인이 있다고 수용하는 건 마음이 강하지 않으면 불가능하지 않을까?'

　분명 옳은 말이다. '수용'을 하려면 마음이 강해질 필요가 있다. 어떻게 하면 강한 마음을 얻을 수 있을까? 그러기 위해서는 '궁극의 해석력'을 몸에 익혀야 한다. '궁극의 해석력'이란 무엇일까? 바로 네 번째 각오를 다지는 것과 관련된다.

위대한 무언가가 나를 성장시킨다고 해석한다

네 번째 각오는 자신의 인생을 바라볼 때 '위대한 무언가가 나를 성장시킨다'고 해석하고 받아들이는 것이다.

이뿐만 아니다. '위대한 무언가가 나를 성장시키려 한다. 그리고 나를 통해 대단히 훌륭한 일을 완수하고자 한다.' 이렇게 해석하고 마음을 정한다. 만약 이런 각오를 다질 수 있다면 우리는 진정한 의미의 강함을 얻을 수 있다.

왜냐하면 이런 각오를 가진 사람은 삶에서 어떠한 역경을 만나더라도 그것을 '위대한 무언가가 나를 키우기 위함이다. 나를 성장시키기 위함이다'라고 긍정적으로 받아들이고, 그 역경을 양식 삼아 성장하고자 하기 때문이다. 실은 뛰어난 선인들은 이런 각오 또한 모두 가지고 있었다. 가령 전국시대 무장인 야마나카 시카노스케山中鹿之介가 "내게 칠난팔고七難八苦를 달라"고 달에 빌었다는 고사는 유명하다. 또 '고난 없이 영광 없다'라는 격언도 많은 사람들이 즐겨 말한다.

우리가 겪는 고생이나 곤경, 실패나 패배, 좌절이나 상실, 병이나 사고 같은 갖가지 역경은 언뜻 부정적인 사건 같지만, 실은 역경이란 성장을 위한 최고의 기회이자 탈피와 비약의 기회이기도 하다. 따라서 이를 깨닫고 나면 인생에서 만나는 역경이 어떤 의미에서는 대단히 긍정적인 사건임을 알 수 있다.

5장에서도 말했다시피 실제로 당신은 언제 성장했나? 모든 것이 순조로울 때나 행운이 이어졌을 때는 아닐 것이다.

36년 전 의사가 내게 "이제 살날이 얼마 남지 않았다"고 하였다. 아무도 구해주지 않는 절망의 밑바닥을 헤매며 매일 목숨이 사라져가는 느낌에 지옥 속을 걷는 듯한 경험을 해야 했다. 하지만 그런 역경 속에서 여기서 말한 '다섯 가지 각오'를 손에 넣었다. 그 각오 덕분에 절망의 밑바닥에서 되돌아올 수 있었다. 그리고 어느덧 나 자신도 크게 성장하였다.

그렇기 때문에 말하고 싶다. **'역경'이란 실로 성장을 위한 최고의 기회이자 탈피와 비약의 기회라고.** 우리는 망설이지 말고 이런 각오를 다져야 한다.

'지금 위대한 무언가가 나를 성장시키려 한다.'
'이 역경을 내림으로써 나를 성장시키려 한다.'
'성장한 나를 통해 대단히 훌륭한 일을 완수하려 한다.'

이런 각오를 다지면 이후 인생에서 부정적인 사건이라는 것은 없어진다. 모든 일이 깊은 의미를 지닌 긍정적인 사건임을 깨닫는다.

왜 뜻이나 사명감을 가진 사람은
좋은 운을 끌어당길까?

예부터 많은 사람들이 이야기하던 수수께끼 중 하나에서 이런 각오가 중요한 이유를 찾을 수 있다.

왜 뜻이나 사명감을 품고 사는 사람은 좋은 운을 끌어당길까?

이유는 분명하다. 뜻이나 사명감을 품고 사는 사람이라면 거의 예외 없이 마음속 깊은 곳에 다음과 같은 감각을 가지기 때문이다. '위대한 무언가가 나를 인도하고 있다.' '위대한 무언가가 나를 통해 무언가를 완수하려 한다.'

본래 사명감의 '사명mission'에는 '하늘에서 주어진 임무'라는 뜻이 담겨 있는데, 일찍이 그리스도교 선교사가 전 세계의 미개척지로 들어가서 어떤 어려움 속에서도 '사명'을 완수할 수 있었던 것 또한 '위대한 무언가가 나를 인도한다' '위대한 무언가가 나를 통해 무언가를 완수하려 한다'는 각오를 바탕에 품었기 때문이다.

마찬가지로 뜻과 사명감을 품고 살아가는 사람은 삶에서 어떤 고생이나 곤경이 주어져도 '위대한 무언가가 나를 키우려 한다' '이 역경으로 나를 성장시키려 한다' 그리고 '성장한 나를 통해 대단히 훌륭한 일을 완수하려 한다'라고 해석한다. 때문에 그 상념은 '궁극의 긍정적 상념'이 된다.

뜻이나 사명감을 품고 살아가는 사람이 종종 신기할 정도로 좋은 운을 끌어당기는 이유는 바로 '궁극의 긍정적 상념'을 품기 때문이다. 그러니 만일 우리가 인생에서 뜻이나 사명감을 품고 살아가며 이 네 번째 각오를 손에 넣는다면 자연스럽게 좋은 운을 끌어당겨서 신기한 일들이 다양한 형태로 일어날 것이다.

그렇다면 그 신기한 일이란 무엇일까?

역경을 극복하는 지혜는
전부 주어진다고 마음을 다잡는다

여기서 말하는 신기한 일이란 1장에서도 쓴 다음과 같은 것이다.

첫째, 어떤 감이 느껴진다(직관).
둘째, 문득 미래를 느낀다(예감).
셋째, 기회를 잘 잡는다(호기).
넷째, 우연의 일치가 일어난다(싱크로니시티).

다섯째, 어떤 의미를 느낀다(콘스텔레이션).

이것이 바로 좋은 운을 끌어당긴 결과 일어난 사건이다. 그렇다면 인생의 역경 속에서도 이런 신기한 일을 끌어당기려면 무엇이 필요할까? 한 가지 각오를 다져야 한다. 바로 다섯 번째 각오, 역경을 넘어서는 지혜는 전부 주어진다고 마음을 다잡는 것이다. 우리 인생에는 반드시 고생이나 곤경, 실패나 패배, 좌절이나 상실, 병이나 사고 같은 갖가지 문제나 역경이 주어지지만, 눈앞에 있는 문제를 해결하기 위해 필요한 지혜나 눈앞의 역경을 넘어서기 위해 필요한 지혜는 전부 '위대한 무언가'가 내려준다고 반드시 각오를 다진다.

누구나 심각한 문제나 험난한 역경에 직면하면 마음속에 '이 문제를 해결할 수 있을까?' '이 문제를 해결할 지혜가 내게 있을까?' '이 역경은 뛰어넘지 못하겠어' '이 역경을 뛰어넘는 지혜가 내게는 없어' 같은 불안이나 무력감이 생기는데 이것이 부정적 상념이 된다.

이런 불안이나 무력감이 들 때는 '신심일여' 방법을 써서 마음속으로 '위대한 무언가가 이 문제나 역경으로 나를 성장시키려 한다. 그렇다면 이 문제나 역경을 넘어서기 위한 지혜는 반드시 주어질 것이다'라고 여러 번 염원해보기 바란다. 이상할 만큼 불안이나 무력감이 흐려지고 부정적 상념도

옅어질 것이다. 그리고 마음속에 조용한 안도감과 용기가 생겨날 것이다.

왜 기도를 열심히 해도 통하지 않을까

이렇게 말하면 당신은 "그런데 심각한 문제나 험난한 역경 속에서 '이 문제나 역경을 넘어서기 위한 지혜는 전부 주어질 거야'라고 강한 마음을 지니기는 어렵지 않을까요?"라고 물을지도 모른다. 하지만 우리 마음속 깊은 곳에는 실은 우리 상상을 초월하는 강함이 잠자고 있다. 확실히 일상의 평온한 감각에 익숙해진 사람이 갑자기 심각한 문제나 험난한 역경에 직면해서 이런 각오를 다지기란 그리 쉽지 않다. 그런데 한편으로 인간은 궁지에 처하면 신기할 정도로 배짱이 생기는 것 또한 사실이다. 그리고 배짱이 있을 때는 역시 신기할 정도로 지혜가 내려오고 용기가 샘솟는 것 또한 사실이다. 그래서 예부터 '역경을 앞에 두면 되레 대담해진다'는 말이 있고, '진인사대천명盡人事待天命'이란 말이 전해진다.

앞에서 밝혔듯 의사도 포기할 정도로 심각한 병을 앓으며 죽음과 마주한 불안과 공포의 나날이 내게 있었지만, 그렇게 궁지에 몰린 상황에서 도리어 마음이 대담해지는 경험을 하기도 했다. 극한 상황에서 신기하게도 다음과 같은 마음이 솟구쳤다.

'아아, 내일 죽든 모레 죽든 하늘이 정한 것이라면 어쩔 수 없지! 하지만 오늘 하루는 절대 허투루 보내지 않겠어. 오늘 이라는 하루를 있는 힘껏 살아내자!'

이렇게 마음을 다잡고 나니 신기할 정도로 생명력이 솟아나서 병을 극복할 수 있었다. 병만 극복한 것이 아니다. 심지어 내 속에 잠들어 있던 능력을 꽃피우고 좋은 운을 끌어당기는 강한 힘도 얻었다.

그렇다면 인생의 심각한 문제나 험난한 역경을 앞에 두었을 때 어떻게 하면 이런 각오를 다질 수 있을까? 이 책에서 마지막으로 이를 위한 방법을 하나 전한다.

그것은 바로 '기도하는 것'이다. 이렇게 말하면 오해가 생길지도 모르겠다. 왜냐하면 '기도한다'고 하면 많은 사람들이 '소망의 기도'를 떠올리기 때문이다. '소망의 기도'란 가령 "이 시험에 합격하게 해주세요" "이번 거래가 성사되게 해주세요"처럼 소망이 실현되기를 신이나 부처나 하늘에 요구하는 기도를 말한다. 사실 인류 역사가 시작한 이래로 무수한 사람들이 올린 기도는 대부분 이런 '소망의 기도'였다.

물론 누구든지 인생에서 직면한 문제나 역경이 자신이 바라는 형태로 극복될 수 있기를 바라기 마련이다. 이는 자연스러운 감정이니 이런 '소망의 기도' 자체를 부정하는 것은 아니다. 하지만 '소망의 기도' 또한 반드시 마음속에 플러스 상념과 마이너스 상념의 분리를 일으킨다. 즉 마음 표면에서는 '시험에 합격하게 해주세요'라고 기도하지만, 마음 깊은 곳에서는 '이렇게 기도해도 시험에 떨어지지 않을까?'라는 부정적 상념이 생긴다. 그리고 실은 마음속 깊은 곳에 생기는 이런 부정적 상념이야말로 가장 강력한 기도가 되고 만다. 이렇게 말하면 또 놀랄지도 모르지만 기도란 손을 모으고 비는 동안의 상념이 아니다. 실은 마음속 깊은 곳에 늘 존재하는 상념이 가장 강력한 기도가 된다.

안타깝게도 많은 사람들은 아직 기도의 본질을 이해하지 못하고 있다. 가령 마음속 깊은 곳에 '병에 걸리는 게 아닐까?'라는 공포심을 계속 품으면 그것이 실로 매우 강력한 기도가 되기 때문에 결과적으로 병을 끌어당기고 만다.

이렇듯 '소망의 기도'는 종종 마음속 깊은 곳에 그와 반대되는 상념을 낳고 그것이 진짜 기도가 되어버리기 때문에 아무리 열심히 기도를 올려도 그 기도와는 반대되는 결과를 초래한다. 그렇다면 심각한 문제나 험난한 역경을 앞에 두었을 때 우리는 어떤 기도를 해야 할까?

부정적 상념을 낳지 않는 궁극의 기도 방법

바로 '전탁하는 기도'이다. '전탁全託'이란 글자 그대로 '모든 것을 맡긴다'는 뜻이다. '모든 것을 위대한 무언가의 인도에 맡기고 의탁한다'는 뜻이다. 따라서 "이 시험에 합격하게 해주세요"나 "이번 거래가 성사되게 해주세요" 같은 기도는 하지 않는다.

그렇다면 어떠한 기도를 할까?

"인도해주시옵소서."

이뿐이다. 그냥 이것이 전부이다. '전탁하는 기도'란 모든 것을 위대한 무언가에게 맡기고 의탁하는 기도이며, 그 밑바탕에는 다음 같은 각오가 있다.

'위대한 무언가가 내 인생을 인도하고 있다.'
'위대한 무언가는 내 인생을 반드시 좋은 방향으로 인도한다.'

만약 이 '전탁하는 기도'의 결과가 내 바람과는 다른 방향으로 나온다 해도 이 또한 깊은 지혜를 가진 위대한 무언가의 인도이다. 그 인도의 의미를 깊게 생각하며 주어진 문제나 역경과 똑바로 마주하고 더 큰 성장을 목표로 있는 힘껏 걸어간다면 반드시 멋진 인생으로 인도 받을 것이다.

그러하기에 '전탁하는 기도'는 소망의 기도와 달리 마음속에 '이 기도가 닿지 않는다면'이라는 불안이나 걱정 같은 부정적 상념을 낳지 않는다. 다시 말해 '전탁하는 기도'는 설사 기도를 하여도 내가 직면한 심각한 문제가 해결되지 않고 험난한 역경이 계속된다 할지라도 낙담하지 않고 이 모든 것을 자신의 성장과 연결하면서 한 번뿐인 인생을 어디까지나 전향적으로 걸어가고자 하는 각오가 뒷받침된 기도이다. 그러니 마음속을 '궁극의 긍정적 상념'으로 채워줄 기도임이 틀림없다.

'전탁하는 기도'를 매일의 습관으로 삼고

첫째, 위대한 무언가가 내 인생을 인도한다.
둘째, 삶에서 일어나는 모든 일에는 깊은 의미가 있다.
셋째, 인생의 모든 문제는 내게 원인이 있다.
넷째, 위대한 무언가가 나를 성장시킨다.
다섯째, 역경을 넘어서는 지혜는 전부 주어진다.

이 다섯 가지 각오를 가지고 살아간다면 우리 인생은 인도받을 것이다. 신기할 정도로 필요할 때 필요한 손길이 내려온다. 그리고 우리가 오랜 세월에 걸쳐 인생을 살아가다가 '필요할 때 필요한 손길이 내려온다'는 사실을 일상적인 일로 느끼게 된다면, 더 이상 '좋은 운을 끌어당긴다'는 생각을 하거나 '운'이라는 단어를 의식할 필요가 없는 경지가 찾아온다.

왜냐하면 우리 인생은 현상적으로는 무슨 일이 있든 원래부터 위대한 무언가가 반드시 좋은 방향으로 인도하는 인생이기 때문이다. 그리고 그 위대한 무언가란 우리 마음속 깊은 곳에 존재하는 '참 자기'라 불러야 할 우리 자신이기 때문이다. 이 같은 진실을 이해할 때 예부터 내려오는 지혜의 말씀이 마음속 깊은 곳에 배어든다.

"인생에서 일어나는 일은 다 좋은 일이다."

운을 닦는다 마음을 닦는다

마지막으로, 이 책에서 말한 내용을 한 번 더 돌아보자.

어떻게 하면 우리는 좋은 운을 끌어당길 수 있을까? 이를 위해서는 한 가지 법칙을 이해할 필요가 있다. 바로, 우리 마음 상태는 그 마음과 공명하는 것을 끌어당긴다는 법칙이다. 특히 무의식 세계의 상념은 공명하는 것을 강하게 끌어당긴다. 따라서 만약 우리가 좋은 운을 끌어당기길 원한다면 무의식 세계를 긍정적 상념으로 채워야 한다.

지금껏 세상에 나온 동서고금의 운에 관한 책과 문헌은 어떻게 무의식 세계를 긍정적 상념으로 채울 것인지에 대한 다양한 방법을 이야기했다. 특히 표면 의식 세계에서 긍정적 상념을 여러 번 강하게 품어서 이를 무의식 세계에 침투시키는 방법이 전해져왔다. 하지만 사실 이런 방법이 꼭 잘되거나, 효과를 발휘하진 않는다.

우리가 무의식 세계에 긍정적 상념을 침투시키려 해도 이미 우리 무의식 세계에는 수많은 부정적 상념이 축적되어 있어서 이를 없애지 않는 한 긍정적 상념이 상쇄되기 때문이다. 또 표면 의식 세계에서 긍정적 상념을 몇 번씩 강하게 품으면, '쌍극적 성질'이 있는 무의식 세계에는 도리어 부정적 상념이 생긴다.

그러므로 우리가 진정 좋은 운을 끌어당기길 바란다면 이런저런 심리 테크닉으로 무의식 세계에 긍정적 상념을 새기려 하기보다는 근본적인 마음 자세를 전환하여 무의식 세계에서 자연스럽게 부정적 상념이 사라지게 하는 방법을 써야 한다.

어떻게 하면 근본적인 마음 자세 전환이 가능할까? 나는 이를 '인생의 습관을 고친다' '인생의 해석을 바꾼다' '인생의 각오를 다진다'라는 세 가지 방법으로 푼 다음, 각각을 세 가지 습관, 다섯 가지 해석, 다섯 가지 각오로 설명했다.

첫째, 무의식의 부정적 상념을 정화하는 방법

첫 번째 습관, 자연의 위대한 정화력에 맡긴다.

두 번째 습관, 말에 숨겨진 정화력을 활용한다.

세 번째 습관, 화해의 상념이 가진 정화력을 이용한다.

둘째, 인생의 부정적 경험을 플러스로 전환하는 방법

첫 번째 해석, 내 인생에는 성공 경험이 많이 있음을 깨닫는다.

두 번째 해석, 내가 운이 좋은 사람임을 깨닫는다.

세 번째 해석, 과거의 실패 경험은 사실 성공 경험이었음을 깨닫는다.

네 번째 해석, 내게 주어진 운 좋은 인생에 감사한다.

다섯 번째 해석, 내 인생에 주어진 궁극의 성공 경험을 깨닫는다.

셋째, 궁극의 긍정적 인생관을 체득하는 방법

첫 번째 각오, 위대한 무언가가 내 인생을 인도한다고 믿는다.

두 번째 각오, 삶에서 일어나는 모든 일에는 깊은 의미가 있다고 생각한다.

세 번째 각오, 인생의 모든 문제는 내게 원인이 있다고 받아들인다.

네 번째 각오, 위대한 무언가가 나를 성장시킨다고 해석한다.

다섯 번째 각오, 역경을 넘어서는 지혜는 전부 주어진다고 마음을 다잡는다.

이런 방법을 설명한 이 책을 읽고 당신은 무엇을 느꼈을까? 아마 운에 관한 기존 책이나 문헌과는 '전혀 다르다'고 느끼지 않았을까? 만약 그렇다면 이 책에 담은 내 의도가 달성된 셈이다. 이렇게 이 책을 읽어준 당신과 만날 수 있었다는 데에 깊이 감사하고 싶다. 여기서 '전혀 다르다'란 말의 의미를 다시 이야기하겠다.

긍정적 상념과 부정적 상념
긍정적인 것과 부정적인 것
행운의 사건과 불운한 사건
좋은 운과 나쁜 운

이 책의 도입부에서 위와 같은 이항대립하는 세계로 이야기를 시작했지만, 이런 이항대립 세계에서 한쪽을 긍정하고 다른 쪽을 부정하는 방법을 설명하려는 목적이 아니다. 이 책의 사상은 어떻게 하면 부정적 상념, 부정적인 것, 불운한 사건을 부정할 것인가가 아니라 본래 우리 인생에는 부정적 상념도 부정적인 것도 불운한 사건도 없다는 '전적인 긍정'의 사상 즉 '절대 긍정'이다.

왜냐하면 이항대립 세계에 머무는 한 표면 의식 세계에서 아무리 강하게 긍정적 상념, 긍정적인 것 행운의 사건을 마음속에 그려보았자 우리 무의식 세계에서는 반드시 플러스 상념과 마이너스의 상념이 분리되어 부정적 상념, 부정적인 것, 불운한 사건이 생기기 때문이다. 이것이 바로 이항대립 사상의 한계이다.

그렇다면 '절대 긍정 사상'이란 무엇일까? 바로 원래 우리 인생에는 부정적인 것은 전혀 없다는 사상이자, 인생에서 주어지는 모든 사건과 만남은 아무리 부정적으로 보인다 할지라도 우리 마음과 영혼의 성장이라는 의미에서 반드시 깊은 의미를 가진다는 사상이다.

이는 나만 주장하는 특수한 사상이 아니다. 가령 오스트리아 심리학자 빅터 프랭클Viktor Frankl은 유대인이라는 이유로 제2차 세계대전 당시 나치 독일에 의해 강제수용소에 보내졌다. 그리고 상상을 초월하는 가혹한 환경 속에서 부모와 아내가 살해당하고 그 자신도 살해당하기 직전에 구사일생으로 생환했다.

하지만 그는 이후 출간한 저서의 제목을 '그럼에도 인생에 예스라고 말한다'(한국어판 제목은 《죽음의 수용소에서》. - 옮긴이)라고 지었고, 그 제목에는 이런 가혹한 체험까지 포함하여, 인생에서 주어진 모든 것을 긍정하는 사상을 담았다.

또 독일 철학자 프리드리히 니체Friedrich Nietzsche는 저서 《이 사람을 보라》에서 '영원회귀' 사상을 이야기한다. 이 사상은 설령 완전히 똑같은 삶이 영원히 몇 번씩 반복해 주어진다 해도 견디기 힘든 고통이나 고뇌까지, 삶의 모든 것을 받아들이고 긍정한다는 사상이다. 내가 말하는 '절대 긍정 사상'이란 다름 아닌 프랭클, 니체 등에서 공통으로 나타나는 '인생 긍정' 사상이다.

다시 말해 '절대 긍정 사상'이란 긍정적인 것과 부정적인 것이라는 이항대립에서 긍정적인 것을 이야기하는 사상이 아니라, 긍정적인 것과 부정적인 것을 포함해 모든 것을 절대적으로 긍정한다는 의미에서 궁극의 긍정적인 사상이다.

물론 우리 같은 보통 사람들이 프랭클이나 니체 같은 극한의 사상으로 '절대 긍정 사상'을 쉽게 얻을 수는 없다. 그래서 이 책에서는 5장과 6장을 통해 인생에서 주어진 사건이나 만남 전부를 하나하나 긍정하기 위한 '다섯 가지 해석'과 '다섯 가지 각오'를 누구나 이해하고 실천하기 쉽게 소개하였다.

만약 당신이 이 방법을 실천해서 긍정적인 것과 부정적인 것이라는 대립은 원래 없고 행운의 사건과 불운한 사건도 없다는 '절대 긍정 사상'을 체득한다면, 지극히 자연스럽게 한 가지 진실을 깨달을 것이다.

우리 인생에는 본래 좋은 운도 나쁜 운도 없다.

바로 이 같은 진실이다. 만약 우리가 '절대 긍정 사상'을 진정으로 손에 넣는다면, 좋은 운과 나쁜 운이라는 이항대립도 사라진다. 그 결과 운이라는 말도 사라진다.

이 책은 '어떻게 하면 인생을 살며 좋은 운을 끌어당길 수 있을까?'라는 물음에서 시작했지만, 운의 본질에 다가서면 다가설수록 흡사 신기루처럼 그 말 자체가 사라져간다는 사실을 깨닫는다. 그 이유를 한 번 더 설명하겠다.

누구나 인생에서 좋은 운을 끌어당기기를 바란다. 하지만 우리 무의식 세계에는 '끌어당김의 법칙'이 있기 때문에 좋은 운을 끌어당기기 위해서는 무의식 세계에서 부정적 상념을 없애고 이를 긍정적 상념으로 채워야 한다. 하지만 무의식 세계에는 '쌍극적 성질'이 있기 때문에 무의식 세계에 긍정적 상념을 새겨 넣으려면 오히려 부정적 상념이 생겨난다.

그렇다면 무의식 세계에 부정적 상념을 낳지 않기 위해서는 어떻게 해야 할까? 인생을 '좋은 것'과 '나쁜 것'으로 나눈 다음 한쪽을 긍정하고 다른 쪽을 부정하는 이항대립적 의미의 긍정적 상념이 아니라, '인생에서 주어진 것' 전부를 긍정하는 절대 긍정이라는 의미에서 긍정적 상념이 필요하다. 그리고 만약 우리가 이런 '궁극의 긍정적 상념'을 익히는 수행을 계속한다면, 자연스럽게 '좋은 운'과 '나쁜 운'이라는 이항대립의 말도 사라진다. 물론 '좋은 운'이라는 말이 사라진다고 해서 우리가 처음에 추구하던 것을 잃어버린다는 뜻은 아니다. 왜냐하면 그때는 어느덧 우리가 진정으로 추구하던 것을 손에 넣었기 때문이다.

마음속에 있는 '궁극의 긍정적 상념' 덕분에 인생에서 어떤 역경이 주어져도 그것을 인간적 성장으로 연결하면서 앞을 향해 계속 걸어가는 삶, '궁극의 긍정적 상념' 덕분에 주위에 많은 사람들이 모여드는 인간성, 그 사람들과의 만남 하나하나에 감사할 수 있는 겸허함과 깊은 기쁨, '궁극의 긍정적 상념' 덕분에 인생에서 주어진 어떤 사건에서도 깊은 의미를 끄집어낼 수 있는 지혜, 그 지혜 덕분에 살면서 만난 사람들을 격려하고 지지할 수 있다는 데 대한 감사 그리고 '궁극의 긍정적 상념' 덕분에 어떤 한계나 억압도 없이 크게 꽃피우는 재능. 이것이야말로 사실 우리가 진정으로 추구하던 것 아니었을까? 우리가 진정으로 추구한 것은 좋은 운을 끌어당기는 것이 아니다. 우리가 진정으로 추구한 것은 인생을 개척하는 것이다.

이 사실을 깨닫고 나면 당신의 인생 풍경이 바뀔 것이다. '궁극의 긍정적 상념'을 품고 바라볼 때 인생 풍경은 빛나기 시작한다. 왜냐하면 우리 눈앞에 펼쳐진 인생 풍경은 결국 우리 마음의 모습이 비친 것이므로.

만약 우리가 '궁극의 긍정적 상념'을 추구하며 마음속에 있는 부정적 상념 즉 불안이나 공포, 불만이나 분노, 혐오나 증오 같은 마음의 어둠을 닦아내고 마음을 계속해서 닦아나 간다면, 그것은 자연스럽게 빛이 나고 자연스럽게 반짝이기 시작할 것이다. 이런 마음의 모습이 비친 눈앞의 인생 풍경이 빛으로 넘치며 반짝이기 시작하는 것은 자연의 섭리이리라.

그렇다면 좋은 운을 끌어당기는 것을 넘어 인생을 개척하기 위해서 우리가 해야 할 일은 그저 마음을 닦는 것, 마음을 계속 닦는 것이다. 이런 행위는 인생에서 반드시 필요한 것을 필요할 때 신기한 형태로 끌어당긴다.

우리가 '마음 닦기'를 계속한다면 그것은 우리 마음속 깊은 곳에 존재하는 세계로 연결된다. 우리 마음속 깊은 곳에는 '개인적 무의식 세계'와 '집합적 무의식 세계'를 넘어 '제로 포인트 필드'로 연결된 '시공간을 뛰어넘은 무의식 세계'가 있다.

아직 현대 과학으로 이 세계의 존재를 밝히지 못했지만, 만약 '시공간을 뛰어넘은 무의식 세계'가 존재한다면 그 세계가 바로 인류의 수천 년 역사 속에서 많은 사람들이 '신'이라 부르고 '부처'라 부르고 '하늘'이라 불러온 것일 터이다. 그리고 그 세계가 바로 '참 자기'라 불러야 할 우리 본연의 모습이다.

우리 인생을 신기한 형태로 인도하는 것은 실은 다름 아닌 우리 자신이다. 이렇게 생각하면 일찍이 인도 사상가인 크리슈나무르티Jiddu Krishnamurti가 한 말이 마음속 깊이 울린다.

"당신이 세계이고
세계가 당신이다."

감사의 말
· · · · · · ·

먼저 고분샤 신서 편집장 미야케 다카히사 씨께 감사드립니다. 2014년 《지성을 연마하다》(한국어판 《슈퍼제너럴리스트》) 2015년 《사람은 누구나 다중인격》(한국어판 《사람은 누구나 다중인격》) 2016년 《인간을 연마한다》(한국어판 《인간력》)의 뒤를 이은 이 책으로 지성, 재능, 인간, 운을 닦는 4부작이 완성되었습니다. 늘 마음이 담긴 편집 감사합니다.

또 사업 파트너인 후지사와 구미 씨께 감사합니다. 후지사와 씨와 함께 걷기 시작한 지 올해로 20년이 됩니다. 첫 만남도 신기한 '미래의 기억'이었습니다.

후지에서 일하는 저를 도쿄에서 헌신적으로 보조해주는 비서 야나이다 미키 씨께도 감사드립니다.

그리고 늘 여러 가지로 집필을 도와주는 가족 스미코, 세

이노, 도모에게 감사합니다. 올해 여름은 비가 오는 날이 많아서 매미 소리가 울리는 숲속의 나뭇잎 사이로 쏟아지는 햇살이 그리워지는 나날이었지만, 가족과 함께 저 멀리 솟은 여름의 후지산 모습을 바라볼 때 '위대한 무언가'에게 인도되는 인생의 고마움을 생각합니다.

마지막으로 이미 타계하신 부모님께 이 책을 바칩니다. 1970년 2월, 극한의 상황 속에서 목숨을 걸고 아들을 인도한 어머니. 덕분에 '나는 강한 운을 가지고 있다'는 신념을 손에 쥘 수 있었습니다. 그리고 두 분과 함께 걸어온 세월이 하나의 각오를 다지게 해주었습니다.

"인생에서 일어나는 일은 모두 좋은 일이다."

2019년 9월 12일
다사카 히로시

이 책에서 이야기한 주제를 더 깊이 공부하고 싶은 독자에게
는 다음 여섯 권의 졸저를 권한다.

《모든 것은 인도된다 すべては導かれている》(小學館, 한국어판 미출간)

이 책은 6장에서 말한 인생의 '다섯 가지 각오'를 어떻게 다
질지에 대해 내 다양한 경험을 들어 이야기하였다. 특히 '싱
크로니시티'나 '콘스텔레이션'을 느낌으로써 인생에 주어진
사건이나 만남의 의미를 어떻게 해석하는가, 그때 수용 방법
이 어떻게 도움이 되는가를 다양한 사례와 함께 소개했다.

또 이 책에서는 내가 36년 전에 큰 병을 얻어 하게 된 생사
의 경험을 소개하고, 그때 어떤 생사관을 가지게 되었는지,
왜 생사관을 가지면 신기할 정도로 좋은 운을 끌어당기며 상

상을 초월할 정도로 재능을 꽃피울 수 있는지도 이야기했다.

《인생에서 일어나는 일은 모두 좋은 일》
(한국어판 제목은《가끔은 노인에게 길을 물어도 좋다》)

《역경을 넘어서는 마음의 기법逆境を超える「こころの技法」》
(같은 책 PHP文庫)

이 책은 5장에서 이야기한 '궁극의 긍정적 상념'을 어떻게 익힐지에 대해 대화 형식으로 썼다.

살면서 고생이나 곤경, 실패나 패배, 좌절이나 상실, 병이나 사고 같은 역경에 직면했을 때, '삶에서 일어나는 모든 일에는 깊은 의미가 있다' '인생에서 만나는 모든 사람과 깊은 인연이 있다'고 마음을 다잡는다면 우리는 그 경험을 바탕으로 반드시 인간을 연마하고 성장할 수 있다. 그리고 만약 '인생에서 일어나는 일은 모두 좋은 일'이라는 각오를 가질 수 있다면 어떤 역경 속에서도 반드시 길을 열어갈 수 있다. 내 다양한 경험을 소개하면서 그런 각오를 어떻게 다질 수 있을지 이야기했다.

《인간을 연마하다》(한국어판 제목은《인간력》)

앞에서 우리 마음속에 있는 부정적 상념은 대부분 인생이나 일과 관련된 인간관계의 마찰이나 갈등, 반목, 충돌에서 생겨난다고 말했는데, 이 책에서는 인간관계를 호전시키기 위한 '마음의 방법'을 일곱 가지로 설명했다. 특히 앞에서 말한 화해 방법에 대해 자세히 다루었다.

《미래를 개척하는 여러분에게未來を拓く君たちへ》
(PHP文庫, 한국 미출간)

앞에서 뜻이나 사명감을 품은 사람은 신기할 만큼 좋은 운을 끌어당긴다고 썼는데, 이 책은 왜 우리가 뜻을 품고 살아가는지에 대해 우주관이나 자연관, 역사관, 세계관, 인간관, 인생관, 노동관, 생사관과 함께 전편을 시적 메시지 형식으로 풀어나갔다. 그리고 우리가 뜻을 품고 살아갈 때 '후회 없는 인생' '충만한 인생' '향기 있는 인생' '위대한 인생' '계속 성장하는 인생'이라는 다섯 가지 인생을 얻는다고 썼다.

《왜 일하는가なぜ、働くか》(PHP文庫, 한국 미출간)

앞에서 좋은 운을 끌어당기기 위해서는 깊은 생사관을 가질 필요가 있다고 설명했는데, 이 책에서는 '사람은 반드시 죽는다' '인생은 한 번뿐이다' '사람은 언제 죽을지 모른다'라는 인생의 '세 가지 진실'을 바라보며, 생사관의 깊이에서 살아가는 것 그리고 일하는 것의 의미를 이야기했다. 흔들리지 않는 생사관을 가지고 마음을 닦고 싶은 독자를 위한 책이다.

《사람은 누구나 다중인격》

(한국어판 제목은《사람은 누구나 다중인격》)

만약 우리가 자기 안에 잠자고 있는 숨겨진 재능을 꽃피우고 싶다면, 사실은 자기 안에 잠자고 있는 숨겨진 인격을 발견하고 의식적으로 키워야 한다. 이 책에서는 우리가 무의식적으로 자기 안에 있는 숨겨진 인격을 억압하고 재능을 꽃피우지 못하게 막는 심리적 프로세스를 밝히면서, 자기 안에 잠들어 있는 다양한 인격을 키우며 다양한 재능을 꽃피우는 방법을 이야기했다.